高齢者の性愛と文学

明治期の感化事業と先達・良寛考

市川隆一郎

水曜社

まえがき

「老、愛、慈」について

この論集は、聖徳大学在職中に書きためた三つのテーマ、「偏見・誤解されている高齢者の性愛」「子供への愛を終生捧げた児童福祉の先達」「生きとし生けるものへの慈愛を注いだ僧良寛」の小論八篇を、一冊にまとめたものです。

日本は今、世界に類を見ないほど深刻な少子高齢化問題の渦中にあります。私は「社会福祉士・介護福祉士法」制定の年に、長年勤めた児童福祉の現場から社会福祉専門職者養成を目指して聖徳大学に転職しました。

転職前は、専ら非行問題・知的障害・自閉症・不登校など精神・情緒に障害を持つ児童の処遇に努力を傾注していました。当時は、主に非行問題の解決に日夜励んでいたこともあり、児童福祉の先達、我が国最初の児童福祉法と呼べる「感化法」の制定、感化院の創設と感化教育に一生を捧げた「留岡幸助、有馬四郎助、佐竹音次郎」らの業績から多くを学んでいました。また、慈愛の心をもって子供らを慈しみ続けた僧良寛の人格に福祉の心を学んでいたのです。

職を転じてから、児童虐待問題、高齢者介護問題に遭遇することとなりました。殊に、高齢者の性愛をめぐる諸問題は、社会一般の偏見・誤解もあって児童虐待問題同様、解決が難しい状況にありました。認知症（執筆当時は、一般に「痴呆症」と呼ばれていました）が伴えばさらに困難が加わります。有吉佐和子著『恍惚の人』の発刊以来、高齢者・認知症者への関心が高まってきたとはいえ、未だ必ずしも障害に対する理解が十分とはいえない状況にあります。

高齢者が幸福な人生を全うするには、なによりも人間関係、性愛を含めたコミュニケーションが欠かせません。その解決の一助と思い取りかかったのが「文学作品にみる高齢者の性」の問題です。性愛の問題は日本の文化、日本人の性格からして実に微妙で解決の難しい問題です。そこで、文学作品の登場人物から性愛の問題を把握しようと考えました。まだ道半ばではありますが、「僧良寛と貞心尼の愛」（良寛七十歳、貞心三十歳時の愛）や「恍惚の人」（嫁明子、その子敏と舅茂造との介護愛とでもいうほのぼのとした愛）を通じて、高齢者をめぐる性愛問題、そして介護問題に関心を持ってもらえると幸いです。

高齢者の性愛と文学——明治期の感化事業と先達・良寛考

目　次

二章　明治期の感化事業と先達

三章　良寛考

一章

高齢者の性愛と文学

Talamantes_Steps_of_life_(male).（18世紀中期）

一、文学作品にみる高齢者の性（一）

はじめに

文学作品は、社会生活におけるすぐれた情報源の一つであり[1]、虚と実のないまぜになった創造の世界とはいえ、多くの読者が登場人物の行動に同一視と共感をおぼえ、心理的癒しのほかに、生きる指針や勇気をあたえられている。未曾有の高齢社会は、介護問題以上に高齢者の生き方の質が問われる社会でもある。高齢者の性の問題は、彼らの心身機能の衰えとともに社会の関心も失われていく。かつて、九十歳になった心理学者の波多野完治はエッセーに「老人と性の関係を世間は間違って考えている」[2]と書いた。世間は「性行為の閉止が性生活の終わり」というが、九十歳まで生きのこってみると、「性生活の閉止は性生活の入口みたいなもの」で、そこから「真に晴れやかな、絢爛たる性の世界がひらかれるのだ。性行為は、性を感性的な、皮膚感覚に限定するもので、性の世界は、もっともっと広大なもの」で、老人の性天国を実現する条件として、高齢者性欲への世間の偏見をなくし、高齢者の性をおおらかな目で見、高齢者の性行動を解放することであるという。

しかし、高齢者の生活における性の状況はきわめて厳しい。若年者の乱交や中年者の不倫が日常化し、これほど性に解放された時代であってもなお、高齢者の性行動は、ヒヒオヤジ、淫乱ババア、年寄りのくせにと蔑まれ、高齢者の性欲望は醜悪なものとして抑圧を強いられてきた。戦後まもなく、歌人の川田順（一八八二～一九六六）が夫ある歌人と恋愛し、「老いらくの恋」とジャーナリズムを騒がせ歌人をして自殺まで決意させたことがあった。それから五十年余が過ぎたが、世間の目は波多野の感想とあまり変わりないように思われる。性教育――自由な性（生社会）をつくると信じてきた――にも関心のあった波多野は、「高齢者の性生活は、現在、無であり、失われるべきものがない……それは取りもどしの運動であり、新発見の運動である。今まで無であると信じられてきた場所に性の領域を発見する運動であり、あたらしいよろこびを確保する運動である」と宣言した。

波多野が指摘したように、高齢者の性行動に関しては歴史的にも学問的にも未開拓の分野であるだけに、誤解もあり偏見も強いが人生の終末期にある高齢者の生きがい問題であるだけに解決を急がれる研究テーマであることに間違いはない。

ところで、ここでいう性は、単にセックス行為だけにとどまらず、全人間的交渉つまりセクシャリティsexuality・性愛行動としておく。

こうしたなかにあっても、抑圧を強いられた高齢者の性はおもいがけない行動となって現れる。七十三歳の高齢者が若い女性をめぐって、嫉妬から隣人の七十一歳の高齢者を傷害する事件が報じられた（二〇〇三年七月十二日）。この報道の背景には、年寄りのくせに、自分が自分のケアもできないといった高齢者ゆえの性への偏見と好奇な視線が隠されているように思われる。高齢者の性的交渉、荒々しい争いは世間の非難と嫌悪を受けるだけである。世間が高齢者に要求する「静かでうららかな老年」は、けっしてひとりでに得られるものではない。

社会の偏見のなかで、高齢者が自己の性の問題をどのように考え、満足をはかっているか、抑圧、抑制を強いる社会風潮のなかでは、なかなか把握しにくい問題である。人はそれぞれの境遇の中で、おのれの性と生をそれぞれの方法でケアしてきたし、またしているのが現実である。しかるにそのリアルな情報はなかなか得にくい。そこで多くの読者に読まれ評判の高かったフィクションの世界を通じて、高齢の主人公が、自己の性と生をどのように生きたかを研究資料に選んでみた。今回は川端康成著「眠れる美女」、谷崎潤一郎著「瘋瘋癲老人日記」、有吉佐和子著「恍惚の人」をとりあげる。

谷崎、川端の二作は、隠蔽されがちな高齢者の性が真正面から取り扱われていること、単に高齢者の性に対する読者の好奇心を満足させただけでなく、多くの反響と共感をよんだことが選んだ理由でもある。三作品とも川端、谷崎、有吉という傑出した作家の特異なパーソナリティが色濃く反映されたものではあるが、ここでは作品論、作家論を論じることが目的ではない。あくまでも老いた主人公がおのれの性愛欲求をどのように観念したのか、どのようにケアしたのか、性愛行動を通じてどのように自己実現しようとしたのか、また主人公の性愛行動に対して周囲の者はどのように感じ、対応したのかをみることにある。これら日本人による文学作品に現れた性愛行動にまつわる資料をもとに、高齢者の性愛欲求を積極的に肯定し、性愛欲求の満足をＱＯＬの向上、自己実現の重要な方法との視点に立って、老いと性のあり方、社会的偏見にかかわる問題について検討していきたい。

高齢者の性

貝原益軒（一六三〇〜一七一四）は八十四歳の時に「養生訓」[3]を著した。八十余年にわたる生活経験と、医学、儒学、広い学問上の知識を駆使して一般向きの生活心得を書いたものである．彼の人間観、養生訓の基本は「人身は至りて貴くおもくして、天下四海にかへがたきものなり」であった。人間の寿命は、百歳を定命とし、六十歳から上を長生きと考えた。養生の術は「心を静平に保つて、身体をたえず動かせる」ことである。「身をたもち、生を養ふに、一字の至れる要訣あり。これを行へば、生命長くたもちて病なし」と畏れること、忍ぶことが身を守る心法だという。現代医学・薬学・栄養学や心理学・社会学などの知恵を基礎にした養生観と比べても、少しも遜色のないものである。否むしろ、益軒の養生心得が現代に脈々と生きているといったほうが正鵠を得ている。

益軒の養生の道は、素問や論語を範にしながら、精気を保って、へらさず、腎気をおさめて、動かすべからず、色欲を恣にすれば短命に終わると結論づけた。精神保健の見地からみると、妥当な見解が多く含まれているように思われる。

時代を少し下って江戸時代後期になっても、益軒の養生訓は民間にしっかり守られていることが分かる。

良寛（一七五八〜一八三一）は名主職の経営に苦慮する弟由之の素行を戒めて、つぎのような手紙を書き送り、養生の実行を決断するように促している。

「人も三十、四十を越えてはおとろえゆくものなれば随分御養生可被遊候。大酒飽淫は実に命をきる斧なりゆめゆめすごさぬようあそばさるべく候。七尺の屏風もをどらばなどか越へざらむ羅綾の袂もひかばなどかたへざらむをのれほりするところなり制さばなどかやまざらむ」。

益軒も良寛もともに江戸時代前期あるいは後期の人たちであるが、飽淫を戒めてはいるが、それはあくまでも健康維持のためであり、老いの性欲に関して否定的ではなかった。

さらに時代は下るが、現代の人々は高齢期の性をどのようにとらえているのだろうか。医学者や心理学者のほかシモーヌ・ド・ボーヴォワールの説を若干かかげてみたい。

大工原秀子の調査（一九七九）ほかによると、六十歳以上の男性で性欲ありと回答したもの九〇％、過半数は性行為を欲していた。女性では四二％、性行為を欲するもの六％で男女差がみられた。一般的には男女の性的能力は加齢とともに減少していくものとみられている。性活動に影響を及ぼす生理的因子のほかに、社会的因子によっても大きく左右されていること、肉体的にも精神的にも高齢まで異性を求めながら周囲の無理解と自らの偏見の谷間で悩んでいる高齢者が多いと結論している。

泌尿器科医の長田尚夫は、高齢者の性の悩みの診療において、配偶者の来院がないこと、多くの場合年齢だからと傍観者的・拒否的で、協力する態度は全くみられなかったこと、その理由は性に対する認識の違いや価値観の違いによるものであった。高齢者であっても性は愛情表現の中では最大のものであるとの認識を持たせるような啓発と高齢という状況にマッチした性生活の知恵が必要と主張した（「老年者の愛と性」一九八六）。

ボーブォワールは、フロイトやキンゼー、マスターズ、ジョンソン、多くの作家の日記を事例にして、個人差を前提にしつつ、性生活はそれが過去において豊かであった場合は、高齢になるまで持続することを確認しながら、性と生命力と活動とは不可分に結合しているのであるから、リビドーの消滅という毀損は他の毀損をもたらす。欲望が消滅すると、ときとして心情そのものまで鈍化する。性活動と創造力との関係は特に顕著であり、外界との肉体的接触が欠如するとき、人生のある次元が消滅する。この外界との肉体的接触という豊穣を高齢期まで保持する人は恵まれた人びとである。性愛行動のなかに根源を持ち、年齢とともに強烈となる一つの情念がある。すなわち、嫉妬である、と老いの性愛行動について、いかにも文学者らしく老いと創造性の視点からその意義を唱え、また老人の性生活と嫉妬に洞察を加えている。(4)

河合隼雄は、老いについて考えるとき、性について考えることを避けられないとし、それは深い宗教性にまでかかわっていくとしながらも、最近まで「老人と性というと、すぐにイヤらしいという反応が先行してしまって、話題にするのが難しい」かったが、このごろはその誤解がとけて、比較的オープンに語られるようになったのは喜ばしいとしながらも、あからさまに論じられるとその本質が歪まされるところがあるし、逆にあまりにも日陰者扱いするのも困る。したがって、なかなか語ることの難しいものだとやや歯切れが悪い。河合は、波多野のエッセー「回春」の示唆を受けて「春の訪れは人生に一度だけということはないと考えるといいのではなかろうか」と同意を示している。さらに、「性を男性と女性を結合するものとしてのみではなく、〈精神と身体〉、〈生と死〉などなどを〈つなぐ〉ものとしてみるとどうであろうか。何かとの接触の回復を体験するものとしての性は、人生において大きい意味を持っている」「性というのは〈おんみ〉を愛することだと考えてみてはどうだろう。そうすると、狭い意味での性行為に限定されず、性が拡がりと深さを持つように思われるのである」(5)。さすが、心理臨床家らしい卓見である。

いずれにしろ、時代が現代に近づくほど、価値観、道徳観が流動的となり、性に対する開放的な風潮に反比例するかの如く高齢者の性は個人的規範や社会規範に縛られ抑圧され、多くの偏見で彩られることとなった。しかし、高齢者の性はどのように彩られ虐げられようが厳然として存在しているのである。

札幌医科大学の熊本悦明らの調査（「加齢と男性機能低下」一九九二）によれば、性交頻度は個人差が大きく、加齢によって減少していくが、男性の場合八十歳になっても四〇％近い人たちが性交していることが把握されている。荒木の調査（「老いと性」一九九二）では、女性の場合、男性に比し性交頻度は少ない。また、丸山晋（「高齢者の「性」に関する調査研究」）

は、男女とも加齢に伴い性欲の減少を自覚していること、女性は男性よりも性欲がないことがわかった。在宅男性の八〇％弱が性的欲求の解消を望んでいるのに対し、施設入所男性は四〇％と少ない。また、荒木は、男性は性的能力がなくなり性欲の生理的な解消が難しくなって、むしろ性的イメージは膨らみ、女性によせる感情が七十歳後半になって豊かになること、女性の七〇％が何らかの性的関係を求めており、精神的な愛情を求めるものが五五％に上った。男性は性交を伴う性的関係を求めるものが最も多く、肌の触れ合いを含めると約六〇％が高齢になっても何らかの性行為を求めていることがわかった。

荒木乳根子・井口数幸「性と愛―セクシュアリティ」（一九九五）には、施設入所高齢者のさまざまな性にまつわる介護事例が紹介されている。彼らは、「性は高齢者のQOLを考えるうえで大切な課題である」との認識を持ち、①性を生へのエネルギーとして肯定的に受け止め、個人のQOLを高める大切な要素である、②できるだけ事例の当事者の立場になって、その欲求が実現される方向で考え、③性にかかわる問題は非常にプライベートな性質を持っており、個人の生き方にかかわる問題なので利用者の自己決定を最大限大切にすべきだ、との視点に立って本書が編集されたのである。

さらに、最近の性行動・性意識調査によると、性に関する実態や意識を左右しているのは、性別と年齢であるということがわかる。男女間のズレは特に高齢者において顕著になる。性についての関心度は、若年層が七九％なのに六十代五二％と年齢が増すに従い漸減すること、そして、高齢者の関心度は男性七九％、女性三〇％と意識のズレは一段とひらいていく。(6)

このようにみてくると、人は高齢になっても性の関心が高いこと、男性では半数以上が異性への関心も若いころよりおだやかになったもののかえって激しい・同じくらいと感じている者も相当数いることがわかる。荒木は高齢期の性への関心、性的欲求は生理的なものがだんだんと後退し、心理的なものの比重が大きくなっていく。性交による満足を求めるものではなく、性的感覚を求める。やさしい思いやりの言葉の掛け合い、膚の寄せ合い、異性による心と体の温もりを求めるものではないかと結論づけている。こうした心理の背後には、①孤独感を埋めるものとして性を求める、②死の対極にある性を求めることで死の不安を癒そうとする、③若き日を再現したいとの願望が働いていると仮定する。

これまで、偏見と誤解によって蔑まれ、隠蔽されてきた高齢者の性を真正面からみつめ、彼らの性愛欲求の満足をはかることは、高齢者の生と死に関わる重大な課題の一つであることを確認しておきたい。ノーマライゼーションを福祉理念とする社会は、高齢者の性愛欲求を当然のものとして肯定し、この課題を積極的に解決してゆく必要があると考える。

「眠れる美女」（川端康成）

「眠れる美女」[7]は、著者六十一歳初老期の作品である。この作品は昭和三十五年（一九六〇）一月から三十六年九月（一九六一）にかけて「新潮」に掲載されたものである。三島由紀夫は、「形式的感性美を保ちつつ、熟れすぎた果実の腐臭に似た芳香を放つデカダンス文学の逸品」と評価している。

川端康成は明治三十二年大阪で生まれた。デビュー作は「招魂祭一景」、横光利一らと新感覚派として活躍した。戦前には「伊豆の踊子」「雪国」、戦後には「千羽鶴」「山の音」「みづうみ」「眠れる美女」などを発表した。昭和四十三年（一九六八）にはノーベル文学賞を受賞している。昭和四十七年（一九七二）四月ガス自殺を遂げた。

彼の作品は、「伊豆の踊子」「雪国」にみられるような叙情的なものと、「みづうみ」「眠れる美女」の如き背徳的、倒錯的な雰囲気のものとがある。三島のいうように、まさに熟れすぎた果実の腐臭に似た芳香を放つデカダンス文学の逸品である。

川端の作品には、多くの女性が登場するのが特徴的である。そしてその女性の描写も感覚的（視覚、触覚）、即物的、部分的（断片的）であるといわれている。「眠れる美女」に登場する主人公は、少女や処女性への愛着・願望は崇拝に近いものであり、それはフェティシスティック[(8)(9)]と述べる者もいる。こうした作品を生んだのは、川端の特異な生育史にあるといわれている。彼は父を二歳、母を三歳、姉を十歳時に亡くし、引きとって養育してくれた祖父母を祖母七歳、祖父十五歳時に亡くしてしまった後、母方の実家に引き取られ、十六歳以降中学の寄宿舎に住むようになった。彼は家も家庭もない天涯の孤児の感情をもって過ごしたのである。

「眠れる美女」の概要

この作品には、主人公の江口（六十七歳）、木賀老人のほか、眠らされている六人の裸身の娘が登場する。老人と娘たちの会うのは海岸に近い秘密の宿である。この娘たちは、睡眠薬で眠らされており、全裸のまま、寝言やさまざまな寝姿を老人たちに曝すわけであるが、老人には娘の裸身に添い寝をする以外、たちの悪いいたずらは禁制となっている。もとより老人たちは、性的には無能力であり「安心できるお客さま」ばかりである。

江口は、「老いの絶望にたえられなくなる」と通い、「秘仏と寝るようだ」「眠らされた女のそばにいるときだけが、自分で生き生きしていられる」木賀老人の紹介で、まだ性交能力があったのにもかかわらず、それを偽り、「目覚めない娘のそばに一夜横たわろうとする老人ほどみにくいものがあろうか」、その老いの醜さの極みを求めて通い始めたのである。

道楽を続けた彼は、老人たちの醜い、哀れな欲望を守るために禁制を破ろうと思っていなかったし、破らない自信もあった。江口は、眠れる美女の肌の温もりにひたりながら、性交渉のあった過去の女たちとの思い出に耽るのであった。また、江口はこの宿に通う老人たちの真意について自問自答をくり返すのであったが、六十七歳に達した今、来たり来る不能に寂しさを感じるのであった。既に性的能力を欠いた老人たちが、どのような思いで完全に眠らされた若い娘と肌を触れ合いながら一夜を過ごしているのか、江口はさまざまに想像する。彼の想念のなかでは、老人たちの性は醜く哀れなものとして感じるのである。やがて江口は、娘たちの若い肌の魔力に惹かれ幾度も通うようになる。そして、若く愛らしい無抵抗な娘たちに対し己の誓った犯さずの禁制を破りたい衝動がわくのであった。煩悶のあと禁制を破ろうと試みるが、まだ娘が生娘であったことから結局は、犯すことができない。かつての江口は、性のモラルにこだわり、罪の意識を感じながらも、幾人もの女性と性交渉を持った経験がある。そこには、相互に性愛を求める自由な意志が働いていた。が、相手が幼い娼婦の場合、江口は、自身が世の習慣、秩序にまぎれて悪の思いが麻痺していたために性交渉が持てたと回想するのであった。したがって、無抵抗に眠っている娘を衝動的に犯すことを悪と感じるのであった。が、一方では、来る度に娘に暴力を振るい、この家の禁制を、老人どもの醜い秘楽を破り、ここと訣別したい血が彼をそそり立てるのであった。娘も金銭のためじゃないかと思いつつも、娘の一生の痛ましい悲しみ、癒されぬ傷となるのをあえて犯すことがためらわれた。眠っている娘には最早暴力や強制は通じないと思うと、張りあいは抜けて底暗い虚無感が広がるのであった。人間であるからには、ときには孤独の空虚、寂寞の厭世におちこむ、この家などは得がたい死に場所、若い女のなかで死ねれば老残の身の本望ではないか、いやそうはいかないと江口は煩悶する。江口もまた、老いを醜く感じ、老いの性を醜悪と感じる一人であり、愛を伴わない一方的な性交渉を悪と感じる、まぎれもなく既成の秩序を守る側の人――犯すことに臆病であり、恐怖したのである――であったことに気づかされるのであった。しかし、不能な老人たちの行為を哀れとも醜いとも同情しながら、一方ではこの醜い行為を否定しようとする。無抵抗の娘を犯し禁制を破ることでこの宿を破壊し、自分の人生も破滅させてしまえとの悪逆の思いが衝動的にわいてくるが、結局は白い肌の娘の輝く美しさに魅入られるのであった。

「瘋癲老人日記」（谷崎潤一郎）

「瘋癲老人日記」[10]は、著者七十六歳のときの作。昭和三十七年に出版された、谷崎最晩年の著者自身を髣髴とさせる作品である。

彼の出世作「刺青」は永井荷風の高い評価によって、谷崎を文壇に押し上げたことでよく知られている。そして、谷崎といえば、変態性欲を万華鏡の如くみせてくれた作家として有名である。彼自身の告白によれば、変態性欲的傾向の持主であったようである。「生れつき病的な性欲を持っている私」「私は恋愛に関して庶物崇拝教徒」「被虐性の傾向のある私」などと著作のなかで書いている。恐らく、谷崎には、被虐的な性的嗜好が随分あったことは確かであったろう。彼の諸作の多くに、こうした嗜好が随所に見られる。「瘋癲老人日記」もまた、老人性の病気に加えて、性機能の衰えた老人のフェティシズムが描かれている。

谷崎潤一郎は、明治十九年（一八八六）に生まれ、昭和四十年（一九六五）満七十九歳心不全で亡くなった。「少将慈幹の母」「春琴抄」「細雪」「鍵」などの作品がある。

幼児期から身体的にも精神的にも母親譲りの恐怖心の強い子どもであったようだ。青年期神経衰弱にたびたびかかり、汽車恐怖症もその一つであった。しかし、文壇にデビューしてからは医師の厄介になったことはなかったという。後年、高血圧症に苦しめられ、「鍵」「瘋癲老人日記」などの著作は、病状が好転した後に、この病気中のできごとを題材に書いたものである。美食家で有名。

「瘋癲老人日記」の概要

督助は、肥満体、「キタナラシク皺クチャ爺」強情で頑固、嫁に甘い美食家の老人、高血圧、神経痛の痛みと皮膚の感覚麻痺に悩む。偽悪趣味があり、涙脆く、情に脆い癖に、本心はひねくれて薄情極まる人間だと自身は思い込んでいる。男色趣味のなかった督助は、年をとってから舞台に立つ女形に性的魅力を感じるようになった。それは、不能になった老人の性生活と関係があると思っている。

督助は、二十代の頃もあったが、最近特に、「今日已ハ死ヌンジャナイカ」と自分の死のことを日に二、三回は考えるようになった。必ずしも恐怖は伴わない。そして、死後のことを微細に楽しく空想する。生に執着はなくなったが、異性に惹かれずにはいられない。「現在ノ予ハソウイウ性欲的楽シミト食欲ノ楽シミデ生キテイルヨウナモノダ」と独白する督助。このことを、長男の嫁颯子は察知している。督助は、だんだんと氏が嗜虐的傾向が出てきたこと、華奢で白い足、顔に残虐性が現れる女に魅せられている。颯子に妊婦お伝の幻影を見、惹かれ、実子以上に可愛がる。手足の痛みに怺えて生きるより、ひと思いに残酷な殺され方をしてみたいと願いもする。これは「病苦ヲ怺エルトイウコトガ、正常ナ性ノ快楽ガ享受デキナイトイウコトガ、人間ノ根性ヲカクモヒネクレサセルノデアロウカ」と考える。

督助の観察によれば、颯子は本来善良な性質なのであろうが、意地悪く、皮肉屋で、ちょっと嘘つきである。偽悪趣味を覚え、それを自慢にするところがある。巧みに督助の性的趣向をくすぐり、足を触れさせる代償に高価なものをねだる。督助はそれにさえも、快感を覚える。督助は颯子を盲愛し、足のフェティシズムに耽り、異常に血圧を高めてしまう。「コノ瞬間ニ死ヌンジャナイカ」と死を恐れながら足をしゃぶることをやめられない。「間違ッテ死ンダトシテモ構ウモンカ」と興奮のあまり病状を悪化させてしまう。

督助は、彼の死後も颯子の立像の下に埋められれば本望だと願うようになり、彼女の仏足石作りを思い立つ。「彼女ノ全身ノ重ミヲ感ジ、足ノ裏ノ肌理ノツルツルシタ滑ラカサヲ感ジル。死ンデモ予ハ感ジテミセル。感ジナイハズガナイ。同様ニ颯子モ、地下デ喜ンデ重ミニ耐エテイル予ニ魂ノ存在ヲ感ジル。アルイハ土中デ骨ト骨トガガタガタト鳴リ、絡ミ合イ、笑イ合イ、謡イ合イ、軋ミ合イ……痛イケド楽シイ、コノ上ナク楽シイ、生キテイタ時ヨリハルカニ楽シイ。モット踏ンデクレ、モット踏ンデクレ」と心のなかで叫ぶ。颯子は督助の仏足石作りの求めに応じる。督助は楽しく興奮しながら倦むことなく足の拓本を作り続ける。

「恍惚の人」（有吉佐和子）

「恍惚の人」[11]は著者四十一歳の時の作品。丸川賀世子（「有吉佐和子とわたし」一九九三）によれば、有吉は四十歳のころから「皮膚感覚で老化を感じ」はじめ、ヨーロッパのナーシングホームを暗い気分で訪ね歩き、「書物の老人学なんてふっとんでしまうほどの淋しさとショック」を受けて帰国したという。帰国早々、深沢七郎の「楢山節考」歌舞伎座公演の演出を担当したことが契機となって、昭和四十七年二月に「恍惚の人」を執筆したものと思われる。有吉は、出版当初は、暗い内容の話で「嫌なことを書いたから読者が離れる」とおろおろと心配していたが、出版するや反響は大きく一躍時の人になってしまった。しかも、講演・座談などで説得力のある台詞をもって老人問題に警鐘も鳴らしはじめた。「恍惚の人」は流行語となり、戦後第二の老人ブームを巻き起こした。これを契機にして、老人の医学、心理学、痴呆症の研究は一段と進展、老人福祉に貢献することとなった。

有吉佐和子は昭和六年一月（一九三一）の出生、昭和五十九年八月（一九八四）急性心不全で亡くなった。五十三歳の生涯であった。代表作は「紀ノ川」「華岡青洲の妻」「複合汚染」など。

幼児期、疳癖の強い敏感な育てにくい子であったという。性格は開放的で、しかもなにごとにつけ徹底した凝り性であった。天衣無縫、童女の如き人であったともいわれている。

「恍惚の人」の概要

舅が嫁一人をいじめ抜くのを夫と姑が見かねて別居して十余年、姑の突然死と呆けた舅の介護に苦悩する家族の物語。

嫁の昭子は、舅の茂造（八十四歳）から苛め抜かれ根強い恨みを持っているが、スープのさめない距離に暮らすことで、安定を保ってきた。彼女は、現代女性の平均的な女性の一人である。共働きしながら、一人息子の敏の教育にも心配りをし、独立心ある子に育て上げた自信を持っている。夫信利とも介護をめぐって衝突はするが、心から愛しあっている。

冬のある日、姑の突然の死、舅の異常行動——痴呆症状——によって、否応なく老いと介護の過酷さと、貧困な老人福祉対策の問題に直面させられる。嫁が背負わなければならない宿命——この国では現在も持ち続けられている性別役割分業——に翻弄されながら、茂造の介護を決意する。信利は、茂造の痴呆症状に自分の将来を重ね合わせ、全く無気力状態となる。小姑の京子は、葬式の立ち会いと遺産分与にしか、興味がないようである。唯一の味方は敏の介護協力である。彼の協力がなければ、深刻な葛藤状態——介護回避と責任感——から抜け出ることはできなかったであろう。また、彼女の周囲には、彼女同様老人介護に困惑している人々がいる。いずれも老人の死ぬこと、殺害願望で労苦から解放されたいと願っている人々である。当時は、老いと痴呆問題がまだ遠い他人事と感じられていた時代であった。老人介護は家族の誰かが犠牲になること——多くの場合、嫁かつれあい——で、老人の生を守れると安易に考えられていた。嫁一人に、過酷な運命を背負わせて、男たちは稼働を口実に負担を当然の如く免除されていた。そして、過酷な介護から派生した困苦は、老人を殺しかねないほどの苦悩へと家族を追いやっていた。一九七〇年代の老人福祉の状況は、この小説に登場する福祉事務所のケースワーカーの言葉が端的に物語っている。

ケースワーカーは、仕事と介護の両立に苦悩しながら介護疲れを理由に老人ホームへの入所を希望する昭子に同情しつつも、「お年寄りの身になって考えれば、家庭のなかで若い人と暮らす晩年が一番幸福ですからね、お仕事をお持ちだということは私もわかりますが、老人を抱えたら誰かが犠牲になることは、どうも仕方がないですね。私たちだって、やがては老人になるのですから」「本当に、老人問題は今のところ解決の見通しというのはないくらい深刻なんです。家庭崩壊が起こりますしね。主婦の方に、しっかりして頂くより、方途がないんです」と冷たく言い放つ。

昭子は敏らの協力を得ながら家事と介護と勤務とを調整し、睡眠不足と闘いながら、介護のエキスパート――敏の評価――にまで成長するのであった。
こうした介護に呻吟する状況のなかに、老人の性の問題がスケッチされている。デイケアセンターに通うようになった痴呆症患者の茂造は、センターで一人の老女と知り合う。老女はやがて茂造をかいがいしく面倒をみるようになる。ある日、茂造と老女が並んで手をつないで歩く「老いらくの恋」を聞かされた信利は「幾つになってもその道は暗くならないのかな」と不機嫌に呟く。老人の痴呆と性欲の問題に気づかされた昭子も信利も、彼らの人生の延長線上に痴呆と性欲の問題があるのをみて、凝然とするのだった。そして、自身の老後に確信が持てなくなる。死よりもずっと手前にこういう悪魔の陥穽とでも呼ぶべきものが待ち構えていようとは、考えもつかなかったのである。

考察

高齢者の生や性に対する偏見あるいは差別する心理は、高齢者が身体的・心理的な衰えと家族的・社会的役割を果たせなくなったことに端を発していることに間違いはあるまい。高齢者自身がこの身体的・心理的衰えを自覚し、家長としての役割、社会的な地位を退き、周囲の人々に養護を求めざるを得なくなったとき、エネルギーに満ち溢れた、生産的で創造的な青・壮年期と比較して、己を惨めと嘆じ、醜あるいは、哀れと感じたとしても無理からぬことである。歴史的にみれば、宗教的倫理的あるいは政治的にも高齢者を一族の長老として、社会の功労者として尊敬の念が厚かった時代は別として、現代のような功利主義、生産第一主義の思想が幅を利かす高齢社会にあっては、生産から離脱した高齢者はますます惨めさを募らせるほかない。さらに、高齢者の心身両面にわたる医学的・心理学的無理解や誤解が偏見・差別の助長に輪を掛けている。

今回は、作中の主人公たちが、性を醜く哀れととらえていることに注目してみたい。川端の「眠れる美女」は昭和三十六年（一九六一）、谷崎の「瘋癲老人日記」は昭和三十七年（一九六二）、有吉の「恍惚の人」は昭和四十七年（一九七二）の作品である。この三作品には高齢者の性行動が描かれているが、「眠れる美女」と「瘋癲老人日記」の二作はまさに高齢者の性行動を中心とした老いの生と性にまつわる生活行動が主題である。「恍惚の人」は、痴呆老人と彼を介護する嫁の昭子を主人公とした家族介護につきまとう壮絶な葛藤を描いており、その背景に高齢者の性行動が出現し、介護者の価値観、人生観を陰鬱なものに変えてしまう。作中の人物たちは、高齢者の生および性問題に関する限り、醜く哀れなものとして感じている。

「眠れる美女」の江口は、六十七歳に達し、来たり来る不能に寂しさを感じていた。木賀老人に誘われて、好奇心から眠れる美女のいる秘密の宿に通うようになった。この宿に通う高齢者たちは不能であることが条件で、裸身で横たう娘たちにとって安心な客たちであった。が、江口はまだ性交能力があった。既に能力を欠いた老人たちが、どのような思いで完全に眠らされた若い娘と肌を触れ合いながら一夜を過ごしているのか、江口はさまざまに想像する。彼の想念のなかでは、高齢者の性は醜く、哀れ、惨めなものとして感じるが、木賀老人にとっては、老いの絶望に耐えられなくなると通い、まるで秘仏と寝るようで、眠らせられた女の側にいるとき、自分で生き生きしていられるというのである。まだ、性交能力がある江口ではあるが、老いの醜さの極みを求めることと、「老いの醜さが迫り、この家の老人の客たちのようなみじめさも遠くない」と思って通い続けるのであった。

江口は、若くて愛らしく、温もりのある無抵抗の六人の肌に触れながら、母の乳房のふしぎな触感がひらめいたり、無心の恍惚を感じ、ここに来る老人は、老いの哀れさ、醜さ、あさましさばかりでなく、若い生のめぐみ――生の旋律、生の回復――に満たされているのではないかと悟るのであった。また、ときには生娘を犯したいとの悪逆な思いにとらわれたり、娘の一生の痛ましい傷になるのを恐れたり、眠っている娘にはもはや暴力や強制力は通じないと思うと、張り合いは抜けて、底暗い虚無感が広がるのであった。が、一方では若い女のなかで死ねれば本望ではないか、いやそうはいかないと煩悶する。

江口にとって、老いの性は醜く、哀れ、惨めなものではあるが、輝く美しい肌を持った娘を感嘆する心には抗し得ないのであった。

この作品に登場する高齢者たちにとって、性愛欲求の満足こそが生の至福そのものであるが、常に葛藤、煩悶がつきまとうのであった。

江口と反対の極にあるのが「瘋癲老人日記」の督助である。高血圧と神経痛に悩む彼は、自信を「キタナラシク皺クチャ爺」と老いに醜を感じ、生に執着はないが、異性に惹かれずにはいられない。性欲的楽しみと食欲的楽しみとで生きている老人である。そして、その欲求を何のこだわりも持たずに満たそうとする。やがて、嗜虐的傾向が出てきて、手足の痛みに耐えて生きるより、ひと思いに残酷な殺され方をしてみたいと願っている。「病苦ヲ怺エルコトガ、正常ナ性ノ快楽ガ享受デキナイトイウコトガ、人間ノ根性ヲカクモヒネクレサセルノデアロウカ」と自己省察するが、マゾ的性欲の満足に倫理・道徳上のこだわりを全く持たない。マゾ的満足と永遠の自己愛をどこまでも追求する人である。老いの醜さえも、マゾ的性欲を満足させる手段とする。彼も、自身の老いた肉体を醜いとしつつも、これを逆手にとってマゾ的欲望を満たすのであった。督助は高齢者の性欲を、汚らしいとか醜いとか哀れだと思うことはない。女に対する顧慮も妻に対する罪悪感もない。血圧が高くなるのを知りながら、愛撫の最中に死んでもよいとさえ思う。そして、死して後もマゾ的満足を得ようとする。薄情極まる人間を自認した老人のあくまでも自己中心の性の世界がここにはある。その行動は一種壮絶・爽快でさえある。

「恍惚の人」の痴呆老人茂造とデイケアセンターで知り合った老女との性愛行動――老いらくの恋――では、もはや性欲は意識の外にある。しかし、介護する周囲の人々は、老いらくの恋と揶揄しながらも老いの性愛に凝然としてしまう。そして、それぞれが自分の人生の延長線上に老人になった自分の性愛行動の姿をみてしまうのだ。そのため、昭子は、三十年、四十年先の自分の姿には確信が持てない。死よりずっと手前にこういう悪魔の陥穽とでも呼ぶべきものが待ち構えているとは想像すらできなかったし、全身が冷たくなるのを覚えたのだ。登場人物たちは、痴呆化するより死ぬまで色気があるのは理想的といいながら、老いらくの恋を醜聞と思う。ボーブォワールは、生に対立するものは、死よりもむしろ生の滑稽で悲惨なパロディーである老いだといっている。介護する周囲の人々には、二人の老いらくの恋は、悲しくもおかしい、自己否定と自己の確信が持てなくなる一編のパロディーに映っている。

「恍惚の人」の高齢者に対する性愛観は、現代の我々のものと大差ないように思われる。先に見たように、高齢期にも個人差はあるが性欲や恋愛感情は存在する。荒木らの調査によれば、セックスは不能であっても性差はあるが性的関心や性的欲求は強固であることがわかる。しかるに、江口がそうであったように、高齢者の性欲や恋愛感情は哀れで醜いもの、いやらしいものとの観念が一般である。性愛欲求の充足はきわめて人間的な行為で、年齢によって差別されるべき性質の行為ではない。しかし、現実は、高齢者の性は抑圧、抑制を強いられている。この抑圧、抑制は、身体的老いや経済的問題などが原因しているよりも、その時代の背景にある社会的、道徳的、宗教的、文化的諸情勢と複雑に関連しながら抑圧、抑制が働いてきたことは間違いない。多くは上記のものを背景に老いと性にまつわる偏見、差別、誤解が生じたもので、高齢者の立場に立てば、きわめて不当で不幸なことといわざるを得ない。では、高齢者の性愛が哀れでいやらしく、醜いと観念されるのは、何故であろうか。

偏見・差別・誤解の最たるものは、高齢者には性欲がない、枯れている、汚らわしい、醜悪である、年だから満たしてはいけない、介護を受けている状態で贅沢な欲求だ、満たすだけの身体的・経済的能力がない、性交不能といったものだろう。

この老いの性に関する偏見、差別、誤解には、老化に対する殊に身体の外見上の衰えや身体機能の減退を醜と感じる心理が相乗していることである。「眠れる美女」にも、娘を抱いていて狭心症で死んだ老人が、断末魔の苦しみから娘の首から胸に引っ掻き傷をつけた。目覚めた娘は、「いやなじじい」と唾棄する場面がある。

このような老いの状態を醜と感じる観念はいつころから生まれたものであろうか。江戸中期の仙崖和尚の漢詩「しわがよる、ほくろができる……」や、江戸末期の良寛歌「無常信に迅速　刹那刹那に移る」には老いの喜怒哀楽、寂寥がうたわれている。仙崖も良寛も、老いのとらえ方は肯定的、否定的であるよりも、どちらかというと客観的・中立的であるように思われる。人間の生の惨めさ、肉体の衰えの醜さの部分を冷徹に、客観的に、幾分ユーモラスにみつめている。生と死を達観した、いかにも僧侶らしいとらえ方である。

高齢期の身体的変化と性愛行動を醜いと感じ取るようになったのは、比較的新しいことではなかろうか。江口や木賀老人のようなこだわり、不安感、悲愴感、昭子の悪魔の陥穽観さえ漂うようになったのはそう古いことではなかろうと思う。督助の如き生の充足感――たとえ死の転機を恐怖しながらも悔いない――が伴う性愛行動は、現代人のひそかに希求するところのものであろうか。かつて、中世にも督助が範とすべき人物がいた。喜寿を迎えた一休和尚は、若き森女との出会いによって老残の身が回春し、彼女の肉体に深謝している。一休には、「色の世界に色なき人は、金仏木仏石ほとけ」の道歌がある。[12]

ところで、高齢者の性をみだら、いやらしい、穢わしい、惨め、醜いと観念する要因の一つは、社会の側に存在する性に対する抑制的制度――法律、道徳、家族、祭りなどがあろうか。わが国にあっては、明治時代のはじめころまで一般庶民の間では、性は比較的大らかであったと思われる。近代化を急ぐ明治政府は、富国強兵政策を支える精神的バックボーン形成のために性の諸問題を否定的にとらえたところから性は穢らわしいもの、抑圧されるべきものと見方が急激に日本全国にみられるようになった、との指摘（「性」ジュリスト一九七〇、「日本人の性」文藝春秋、一九八四）がある。正しいように思う。

これら抑制的制度が個人に対して、多かれ、少なかれ抑制と強制を強いてきたこと、それ故に高齢者自身が性をいやらしく醜いと観念したことに由来すると思われる。それは、恐らく身体の老いを醜と感じると同時に、性愛行動を醜と感覚する、あるいはイメージするところから始まる。この醜いと観念する心理――中世ヨーロッパ人も同様であるが――には、一つには、青年と比較して高齢者には、身体的衰えと性愛欲求・性的関心の減退の自覚がある。二つには、老いに対する拒否反応とその先にある死に対する拒否反応がそのまま老いの生や性を拒否する心理につながっている。三つには、高齢期を精神の完成期ととらえる観念、価値観が影響している。エリクソンの発達理論を援用すれば、高齢期の課題は統合性対絶望である。統合とは自分の人生の事実を受け入れ、死に対して恐怖心を持たずに立ち向かう能力をいう。しかし、人は高齢期に達しても死や孤独を恐れ、その恐れを癒すために回春を希求し性愛に執着するのが一般的傾向ではなかろうか。したがって、高齢期を精神の完成期ととらえる観念、価値観からみると、高齢者の性愛的欲求は未熟な精神性と恥ずべき行為を表す指標ととられやすい。高齢になって結婚した一茶は、ひたむきに性交に励んだことが日記に記されている。[13] ピカソは、老いるとともに性への執念が燃え続け、ひたすら性の世界を描き続けた。[14]

一茶やピカソのような旺盛な性愛行動を垂涎の目で見るか、好色老人ととらえるかは自由である。ただ、人間の自由な欲求である性愛行動を否定したり、罪悪視して何処に人間があるかと思う。

こうした、風潮のなかで江口は、性の衰えと近づく死の恐怖、若い娘への性の衝動に煩悶しながら、眠れる美女に惹かれていく。督助は、彼をいたぶり彼の被虐性を満足させる嫁を盲愛し、死した後もマゾ的性欲を満たそうと空想する。昭子は、老いの性欲に凝然とし、自身の老後に自信が持てなくなる。

高齢者がますます長寿化する社会にあって、この抑えられた性あるいは孤独の生の問題は避けて通れない。どのようにこの問題を扱うかは、高齢者のＱＯＬの向上や自己実現を大切にした福祉社会にとって解決を急がれる課題の一つである。

次回には、性愛欲求を追い求めた高齢者――小説の主人公にふれながら、課題解決の出口をみつけてみたい。

（２００３）

注及び引用文献

1　遠藤興一「近代文学と社会福祉―もうひとつの福祉世界―」（明治学院論叢、第六四三号、二〇〇〇）
2　波多野完治『吾れ老ゆ故に吾れ在り』（光文社、一九九三）
3　貝原益軒著・石川謙校訂『養生訓・和俗童子訓』（岩波文庫、一九六一）
4　シモーヌ・ド・ボーブォワール、朝吹三吉訳『老い』上・下（人文書院、一九七二）
5　河合隼雄『老いの道』（読売新聞社、一九九一）
6　井上勝也監修・荒木乳根子・井口数幸編『性と愛―セクシュアリティ』（中央法規出版、一九九五）
7　川端康成『眠れる美女』（新潮文庫、一九六七）
8　二木文明・金野倫子「川端康成の作品にみられる倒錯性について」（日本病跡学雑誌第五二号、一九九六）
9　二木文明「谷崎潤一郎の作品に見られる性倒錯と母性思慕、神経症症状」（日本病跡学雑誌第五九号、二〇〇〇）
10　谷崎潤一郎『瘋癲老人日記』（中公文庫、一九七六）
11　有吉佐和子『恍惚の人』（新潮文庫、一九八二）
12　水上勉『一休』（中公文庫、一九七八）
13　大場俊助「一茶性交の記録」（吉田精一編「新編秘められた文学」・国文学解釈と鑑賞三月号・至文堂、一九八三）
14　須藤哲生「ピカソと闘牛」Ⅵ（明治学院論叢、第六三五号、二〇〇一）

二、文学作品に見る高齢者の性（二）

はじめに

前回は、高齢者の性愛行動を「醜い」と感じる作中の主人公及び登場する高齢者の性愛に伴う意識や感情をみてきた。[1] 今回は、「醜い」と思いつつも性愛欲求を積極的に肯定する作中の高齢者の行動をみてみたい。取り上げるのは、瀬戸内晴美著「花芯」（一九五八）、松本清張著「老春」（一九六二）、伊藤整著「変容」（一九六八）の三作品である。これら三作は、前回取り上げた川端康成著「眠れる美女」、谷崎潤一郎著「瘋癲老人日記」、有吉佐和子著「恍惚の人」とほぼ同時代に出版されている。

先の論文では、高齢者の性をみだら、いやらしい、汚らわしい、惨め、醜いと観念する要因を、社会の側に存在する性に対する明治以降の抑制的制度――法律、道徳、家族、祭りなどと、恐らく身体の老いを醜と感じると同時に、精神的要素の強い性愛行動をも醜と感覚する心理などが影響してきたことをみてきた。とりわけ、高齢期を精神の完成期ととらえる観念、人間観から見ると、高齢者の性愛行動は未熟な退行的な精神性と社会的には恥ずべき行為を表す指標ととられやすいことを指摘した。高齢者の性愛行動を「醜い」ととらえる社会的風潮の中で、「眠れる美女」の江口老人は、性の衰えと近づく死の恐怖、若い娘への性の衝動に煩悶しながら、眠れる美女に惹かれていく。「瘋癲老人日記」の督助老人は、嫁に対するマゾ的な性愛行動を死の恐怖を超えて満たそうとする。彼らの心理を、醜い、汚い、異常、滑稽と感じながらも共感できる部分がある。一休、ピカソの旺盛な性愛行動を好色老人の性ととらえるよりも、人間的なあまりにも人間的な普遍的な行為と共感、同調するものも多いに違いない。

　長寿社会を迎えるにあたって、この抑えられた性愛行動あるいは、孤独な生の問題は避けて通れない。これらの問題の解決は高齢者のＱＯＬ[注1]の向上、自己実現を大切にした福祉社会のかかえる重要な課題の一つである。今回取り上げた作品は、高齢者には高齢者の性愛の楽しみ、歳取った女性にも美しさと魅力があることなど高齢者の新しい境地を開拓した作品である。登場する高齢者らの性愛行動は、この問題の解決に一つの示唆を与えてくれそうな気がする。

「花芯」（瀬戸内晴美）

「花芯」(2)は、著者三十六歳の時の作品。雑誌に発表された後、昭和三十三年四月、「花芯」を二百枚に書き改め刊行した。その前年に「女子大生・曲愛玲」で第三回新潮社同人雑誌賞を受賞している。作家として生計を立てるようになって七年が経過していた。しかし、「花芯」は、最初に発表されたとき、「子宮」などの文字が多用されていたため、子宮作家などと汚名を着せられ悪評の総攻撃を受けた。この後数年間文壇から無視されるにいたった。瀬戸内晴美は大正十一年徳島市生まれ。昭和十八年学生結婚し北京に渡る。昭和二十一年引き揚げ徳島に帰る。昭和二十三年出奔、京都に移り自活する。昭和三十六年「田村俊子」を刊行、第一回田村俊子賞を受賞する。「女徳」「かの子繚乱」など発表、昭和四十八年得度して寂聴となる。昭和六十一年天台寺住職、平成十七年退任する。この間嵯峨野に寂庵を構える。「源氏物語」現代語訳、「手毬」「花に問え」など刊行。

性愛は瀬戸内文学の大きなテーマである。評論家の平野謙は、「花芯」を評して「三十娘の生理を描いた作品には、明らかにマス・コミのセンセーショナリズムに対する追従が読み取れた。これがこの作品の弱さだ。そのような弱さが子宮の乱用」を招き、「麻薬の毒はすでにこの新人にまわりかけている」と酷評した。匿名時評は、ポルノグラフィとさえ決めつけた。作者は後年、未熟な作品ではあるが「花芯」無くして今の私はあり得ない。「私の信じる肉よりも精神の優位性について、原罪とは何かについて、性を通して書き窮めていこうと覚悟を決めている」と語っている。「五欲煩悩迷妄の煉獄を経てきて、はじめて人間の事が透明に見えてくる（近松秋江）」。これを通して、人間の内部の暗黒にひそむものを見きわめたいというのが、彼女の文学にかけた希いであった。「性と愛と貞操、文学の主題として書きつがれていいと思う。性を真摯に追求していくとき、反性（セックス）のモラルにいつのまにかぶつかっているという手応えが、私にとっては最も切実な実感であるし、自分の文学の宿題」（「開放されない性のために」）という。

「花芯」の概要

この作品には、男女の愛執の火に焼かれた若い女と老女が登場する。

「花芯」の主人公園子は、つつましいサラリーマンの典型な家庭の専業主婦であった。既に三歳の子供もあり、出産の後セックスの快感を知り「私の内臓が、生きて、命を持っているのを、ありありと感得し」性生活に不満はなかったが、結婚当初から夫への愛情は薄れていた。夫が求めれば自然に体を開く単調な生活を送っていた。ある日、夫の上司越智に衝撃的な恋愛感情を抱く。その感情を夫に打ち明けたときから、夫との性交渉を忌避するようになり、離婚を覚悟する。越智には二十年来の愛人があり、相互に離れがたい関係にあった。後に園子と凄絶な痴情騒動を演じることになる北林未亡人は、越智より二十歳も年長の老女であった。彼女は越智の学生時代から彼を物心両面にわたって面倒を見てきた。彼を学生時代からたらしこんで、片っ端から越智の縁談をぶち壊してきたとの噂が周辺で囁かれていた。彼女は、子供たちからも一族からも見放され見捨てられても、越智との永久に不幸な恋にしがみついて彼を離そうとしなかった。彼女は早くに夫を亡くしたが資産家でアパートを持ち裕福に暮らしている。園子との出会いは、夫の転勤と越智の世話でこの未亡人のアパートに住むようになったときに始まる。園子が初対面の時に感じた未亡人の印象は、いかにも関西風な、たっぷりとした感じの、落ち着いた中年の夫人だった。白っぽい古風な化粧をしていたが、陰影の少ない化粧法が、大柄な顔に奇妙に調和して、しっとりとなじんでいた。未亡人は園子を評して、「同性には反感をもたれるタイプ」「殿方には魅力的な女」「男の目には、なんだか頼りなげで、気にかかってしかたがないらしいのよ。とくな性だわ。越智さんだって、とてもあなたが気にかかるらしいわ」と内心では園子の魅力に嫉妬心を覚えながらも余裕のある微笑を浮かべるのだった。彼女は越智に老いを感じさせまいと四十前といっても通るような美しさを保つ努力をしていた。園子と越智が恋愛関係に陥ってからの未亡人は、越智を自分につなぎとめる手段に安全かみそりの刃を使うなど、狂言と本当のけじめがつかなくなるほど逆上した。越智は、狂態を度々演じる彼女に困惑しながらも、その命がけの執念に負けてしまうのだった。園子は、越智との恋に燃えている頃は彼女に嫉妬心もおぼえもしたが、恋心がさめた後には六十になっても恋の火で四十の若さを保ち、心は三十女の妬情に燃え狂う未亡人に、尊敬に近い気持ちを抱くのだった。恋をするためだけに、この世に送られてきた人があるとすれば、未亡人を指すのであろうと考えるのであった。北林未亡人は越智への執着が断ち切れない自分を嘲ってくれと園子に言うが、全身から発散する雰囲気は、若々しく、むしろ、ほのかな初々しささえ感じさせるのだった。「越智が私のところにいてくれるのは、もう哀れみだけなんですよ。それにあの人の弱さ。そうとわかっても、やっぱり越智に去られるのを想像すると、からだが凍ってしまいそうなの」と訴える未亡人に、年齢に逆らって衰えない官能の無慚さが、そこに青い妖火をあげていたのを園子は見た。やがて、未亡人にも避けがたい老いの兆候が滲み出てきたが、越智との宿命的な縁の強さ、越智を離すまいとする執念は少しも衰えを見せることはなかった。

「老春」（松本清張）

「老春」[3]は、著者五十二歳のときの作品で新潮十一月号に発表された。松本清張は明治四十二年福岡県北九州市小倉に生まれる。高等小学校卒。十五歳、電気器具製造会社就職、二十一歳石版工見習い、この技術が役に立って、朝日新聞社に入社する。「私は貧乏の中で育ったが、家は赤貧洗うが如しというほどではない」が、「上級の学校に進学させてくれる余裕はなかった」。「高等小学校卒という劣等感を払い除けるための努力であった。私は自分が常に蔑視されていることを承知していた。だから負けまいとする意欲はいつも持っていた。私の独学など勿論言うに足りないが、その闘志自体が何か心の支柱のような気がした」（「実感的人生論」）。この意欲や闘志が心の支柱となって小説家への道を開いた。「西郷札」（一九五〇）で作家として認められるようになり、「或る『小倉日記』伝」（一九五二）で芥川賞受賞、短編「張り込み」で推理小説に進出、昭和三十一年朝日新聞社を辞し専業作家となる。

「点と線」「眼の壁」はベストセラーになり、社会派推理小説ブームの原動力となる。

「昭和史発掘」で菊池寛賞受賞。平成二年朝日賞受賞。

「老春」は、推理小説でブームを起こした絶頂期に市井の名も無き主人公とした、しかもユーモラスでどこかおかしみのある、憎みきれない老人を描いている。彼の作品には、社会的弱者に対する暖かいまなざしが感じられる。それは、苦悩を克服した彼の生き方によるところが大きいと思われる。「老春」にも、生活苦と闘っていた若き日の清張の生き様と、貧窮に負けず苦闘する苦労性で心配性で強気な母親、いささかのんきな性分で明るくて、お饒舌で、弱気な好人物の父親の姿が彷彿としてくるものがある。

「老春」の概要

長男栄造夫婦の扶養を受ける重吉老人七十八歳の回春物語である。重吉老人は、若い住み込み女中を老いの純情一徹な心で愛するようになる。若い頃にはテキヤの組下になったり外に女を囲って妻子を散々困らせた放蕩者、四十年連れ添った妻ふさえが死んで七年がたつ。後半生の重吉は、彼の放蕩に苦しめられた気の強い妻にいじめられ通しだったから、今は至極平和な生活を送っている。雑貨店を経営する多忙な長男夫婦にかまってもらえず、離れの三畳間で万年床の一人暮らし。足と耳が悪い以外血色もよく、好んで外出する。夫婦に止められると、癇癪を起こし地団駄を踏み両肩をゆすりあげて出ていく。女中を雇っても老人の世話を嫌って長続きしない。好子二十二歳が来てから重吉老人に変化が起こった。好子は重吉の世話を進んで焼いた。耳の遠い重吉の話もよく聞き、舅と嫁みたいと近所の評判になる。

　彼女の欠点は近所歩きが多いことだった。ときには重吉を伴うこともあった。重吉は好子に「若い女は男に気をつけなければいけない」と訓戒をたれるのだった。そんな好子に工員の男ができた。重吉と若い工員の間で罵り合いがはじまる。「大事なよその娘を預かっているので、おれが守っているのだ」と仁王立ちになって男をなじった。好子は重吉の面倒を見なくなり、家を抜け出すことが多くなる。やがて好子は暇を取り男と同棲する。重吉は一日中アパートの周りを歩き回る。「あんな淫奔な女はいない」とあらゆる言葉を使って好子の悪口を言い工員と言い争うのだった。息子夫婦は「年を取っても、男はやっぱり男ね」「七十八歳の年寄りの行動とは思われないのでかえってこっちが気恥ずかしくなる」と重吉の挙動を心配する。

　春子二十五歳が女中に来ると重吉の態度が一変する。春子もまた重吉の面倒をよく見るのだった。重吉は、春子が来てからしばらくして好子と仲直りし、元通りの老人の顔にもどった。春子も好子の家に遊びに行くようになった或る晩、重吉が血相変えて好子を怒鳴りつけた。「お前はウチの女を男に世話しようというのか」、春子には「もう、今後、絶対にあの女とつき合うな」居丈高になって命令し始めた。取引先の男が栄造夫婦の家に四、五日泊まったことがあった。重吉は夜中になると春子と客の部屋を懐中電灯で照らして覗くのだった。こうした後、いい女中だと褒めていた重吉が春子を淫売だと罵り憎むようになった。このため春子は家を出た。重吉が、この家は若い女中を片っ端から男に世話をすると悪口を言い触らしていることを知った息子夫婦は、「そんな年をして若い女にヤキモチ焼くなんてみっともないよ」とたしなめたが、重吉は火がついたように怒り出した。「おれは七十八になる、常識で考えてもみい、片足を棺桶にかけている年寄りに、そんな色気が残っていると思うか」と春子と男が一緒に寝ていたのをたしかに見たと頑強に主張するのであった。これがきっかけで息子の栄造といい争いになった。「俺の面倒を見るのがいやなら、いつでも死んでやる」が重吉の口癖だったが、外出を止められた腹いせに、「永いあいだ、お世話になりました。お礼をいいます。考えることがあって、この家を出てゆくが、さがさないで下さい。重吉」の置手紙を残して家出してしまう。自殺を恐れた家族の心配をよそに、実際には春子を探しに行っていたのだ。栄造夫婦は、重吉の女に対する情熱や性欲の存在にいまさらながら驚くのであった。二人は若い女中に懲りて、四十二歳になる亭主も子供もいる杉原トモを雇った。彼女もまた重吉の世話をよく焼いた。が、隣家の工事にやってきたペンキ屋の男の世話までしてやってる姿に重吉は嫉妬し、彼女を監視するようになる。「あんたは主人もあるし、子供もいることだから、よその男に気持ちを向けないほうがいい、亭主を大事にしなさい」と訓戒をたれるのだった。毎朝彼女が来る時間になると途中まで迎えに出かけ、「若い女と一緒に歩くのは気持ちのいいものだ」、これは家族に内緒にしてくれと口止めする。「あのペンキ屋のようないい男前だったら、ひと苦労してみたいね」の彼女の冗談に、重吉は「この年寄りに、あの女がわざと若い男のことをでれでれ話すのが憎憎しい」「あんな女を辞めさせてくれ」とくやしそうに声を震わせ激怒した。が、それでも朝になるとひょろひょろとした足取りで杉原を迎えに行く重吉の姿がみられた。

或る朝、重吉がペンキ屋と喧嘩してぶっ倒れたとの急報が入った。重吉がペンキ屋に殴りかかったというのだ。

「変容」(伊藤整)

「変容」[4]は、伊藤整の六十三歳時の作品である。雑誌「世界」に連載され昭和四十三年完結した。著者自身、この作品を書きながら自分のものの書き方が変わり目に来たことを実感している。この小説の人物も事件も即興的に作り出されたもので、苦労なく書き始めたが、それだけに不安定なものがつきまとい、その後何度も加筆修正を繰り返したという。伊藤整は明治三十八年北海道生まれ、十二人兄弟の長男であった。島崎藤村の青春歌にあこがれる。小樽高商卒業後、中学校の教師を務めながら現一橋大学に入学、作家を志す。知識人の醜さを徹底的に分析追及した作品「鳴海仙吉」で知られる。昭和二十五年「チャタレイ夫人の恋人」（翻訳）を刊行するが猥褻文書の疑いで検察庁に押収される。昭和二十六年所謂チャタレイ裁判が東京地方裁判所で開かれた。昭和二十八年東京工業大学教授となる。

チャタレイ事件は伊藤整の理屈好きで気難しい引っ込み思案な性格を変貌させたといわれている。昭和二十八年、随筆「女性に関する十二章」で軽妙な文明批評を、「火の鳥」で芸術と社会の関係を追及するなどして伊藤整ブームが起こった（一九五四年）。東京工業大学教授のかたわら「氾濫」「発掘」「変容」の三部作を刊行、人間のエゴイズム、セックス、金、名誉、死をテーマとした作品で話題となる。評論家中村真一郎は、「変容」を恐らく近代日本の老人文学のなかで、最も衝撃的な内容の作品と評している。[5] この晩年の三部作は現代文学の基礎を築いた作品と評価するものもいる（奥野健男）。[6] さらに、中村は「変容」に登場する主人公のように老齢の女性——六十歳を過ぎた女性が、あらゆる女性の中で最も魅力的——への讃歌を歌った文学作品はかつてなかったといい、これは果たして本当のことだろうかと疑問を呈しながらも、社会通念への挑戦こそ、文学の役割だと評価した。

「変容」の概要

日本画の龍田北冥は、若いときからの好色癖をいやな性質と気づいていた。好色な老人という領域へ入りかけたいま、抑制するよりも男の力を生かすことが大切だと自覚しはじめていた。画家としての職業柄、この欲望が消えれば、絵も駄目になると自己分析している。早くに妻をなくした彼は、独り者でもあり、受身で起こる情事には遠慮しないし、「水が涸れるように、我々の肉体から立ち退こうとしている生命の前では、道徳は無力だ。それに屈したために失ってきたものの大きさ」がわかってきた彼は、道徳のまやかしに左右され失ったものへの復讐の念が彼の性愛行動をいっそう大胆にした。かくて、道徳の拘束を無意味だと判断して好色の道を歩む。彼が対象として選んだ三人の女性のうち二人が、六十歳を過ぎてなお精神的にも肉体的にも最も完成した女性であったのだ。一人は、歌人の伏見千子、彼女からは老女といわれる年配の女が別物に見える体験をする。いままでの彼は、六十歳を過ぎた女性はもう女として役目を終わったと考えていた。老女の性愛は、想像しても醜いとしか感じていなかったのだ。多くの老女たちが魅力を失うのは、その精神の枯渇によるのだと思うのである。千子との接近には、生身の人間の境を脱しかかっている偶像同志の抱擁のような、俗世の人の想像を超えた妖怪性を感じながらも、彼女の中から身を起こしたはたた神(注2)のような女の性は、彼の予測をはるかに越える激しいもので、千子自身も自らの拘束の利かぬものであった。彼女との出逢いによって、龍田の女を見る目が変わった。老女であっても少なくとも男と同じような、あるいはそれ以上の生命に満ちているのを実感したのだ。彼女との交渉は二年あまり続いたが、ふっと灯が吹き消されるる感じで終わった。どちらも、もっと若い生命に満ちた相手が必要だった。どちらかが老い衰えた相手を見ていやな思いをするという怖ろしい場面まで続けるべき関係ではないのだと、自らを納得させながらもひどく淋しい思いで別れるのであった。彼は千子との関係から二つのことを学んだ。一つは、彼女から地位のある年配の独身の女性の愛欲生活の実相を、二つには、魅力のある女が相手なしでいることはほとんどないという事実である。

二人目の女性は、躍りの師匠である前山咲子だ。彼女は、今は亡き友人の小説家倉田満作の姉で龍田の五歳年上である。彼女の人生もまた波乱に満ちたものだった。さまざまな男との交情を強いられ性愛関係を重ねてきた過去がある。夫の死後、踊りの師匠の情婦にもなった。かつて若いとき、龍田を誘惑した過去があった。その四十年後、倉田の記念碑の除幕式で彼女に再会した龍田は、踊りで鍛えられた女の形を美しく保っている咲子に魅せられ接近した。相手が美しく見え、好ましく思われ、自分も相手に喜ばれたならば、それを最後の幸せだと思って、あとの醜さを互いに露出せず、見せぬように二夜を過ごすのだった。伏見千子も前山咲子も龍田同様さまざまな男との性愛関係を経験してきた。そして精神的にも肉体的にも完成された老女として龍田の前に現れた。

二人との出会いのあと、彼は、かつて自分の絵のモデル女であり、倉田の妻であった小渕歌子との猛禽のような性愛行為にひかれていく。龍田は、若い歌子と老女たちの性愛行動とを比較する。歌子のそれは、その人となりの強い精神力が自然に声となってほとばしり出る伏見千子の純粋な感じのものとも、踊りという動きの中で作られたリズミカルな交わりの形、しかも貝類が収縮することによって生命をにじみ出し、自らの力を振り絞ってしまうような前山咲子の行為ともちがうものであった。そんな龍田であったが、老女との精神的にも肉体的にも満たされた交渉の後、歌子との激しさ故に厭わしいと感じつつもその激しさ故に歌子と会わずにいられなくなるのだった。

淫蕩という言葉がぴったりするような色白中年女のあり方が男性としては最上の性の相手と思いながらも、精神的な働きがないところに本当の性の満足はないとも思う。咲子から得た陶酔するような喜びがない。彼は、歌子に満足できない理由を千子と比較して次の様に考えた。「生きることの意味を探り味わっている人間は、その性においてもその反響を全人間的に受け取っている。生きる意味の把握があるというところにだけ性の感動の把握もあるのではないか。人格と教養を持った女性の性感が本当の性感であり、そのつつしみ、その恥じらい、その抑制と秘匿の努力にもかかわらず洩れ出で、溢れ出る感動が最も人間的ではないか。歌子のような豚の悲鳴のようなものをもって生きがいとするわけにはいかない。そう感じる彼は、歌子の激発をあさましいものと思いながらも、そういう状態に追い込むことの面白さも知っており、二人の関係を容易に絶てなかった。が、歌子のパトロンをめぐっての言い争いから、性的に不能になって関係を絶つことを覚悟する。

今まで考えてもみなかった心の平安がいかに自分の日常にとって大切なものであるか、人に害悪を及ぼしていないと思っていられることの幸福がわかってきたのだ。「その年にふさわしい身づくろいをしながら、いつまでも美しいのは、色恋を含めて、その生活を芸術の中に浮かび漂わせて生気を保っているからに違いない。自分は愛されている、と思っている女はいつも魅力があるものだ。そして私は今、愛されているという意識を女に与える男性の幸福を味わうために出かけるのだ」と千子を慕うのだった。また、一方では、追ってくる老齢の周辺の冷酷さから、今のうちに逃げ出して、暖かい巣を作りたい気分も襲ってくるのだった。

考察

「文学作品にみる高齢者の性（一）」では、高齢者の性を作中の主人公自身もまた周辺の人たちも、みだら、いやらしい、けがらわしい、惨め、醜いとの観念や感情でとらえていた老人たちの性愛行動をみてきた。今回は、主人公たち自身が、世間一般の観念に抵抗するように性愛関係を積極的に求めたり、あるいは、自然、本能的な行為と悟りにも似た境地で性の満足を図る人たちを取り上げる。

「花芯」の小林未亡人、「老春」の重吉老人、「変容」の画家の龍田北冥、歌人の伏見千子、踊りの師匠前山咲子たちの性愛関係は、いずれも老いの生き方に豊かさを与えている。

北林未亡人は涙ぐましいほどの努力によって若さを保ち、二十歳も若い越智を必死にわが身につなぎとめようとする。周辺の思惑も、常識も道徳も彼女の前では何の拘束力も持たない。恋敵ともいうべき園子に嫉妬心を燃やすが、狂言とも思われる狂乱の手段を使っても恋人の越智を手放さない。若き日に放蕩の限りを尽くした重吉老人は、かつて彼の女狂いで悩ませた妻が怨み心を残して死んだ後、老人臭を漂わせた孤独な生活をおくっていた。が、若い女中の登場によって彼は回春する。重吉老人は、もはや性交能力を失っていたが若い女中たちの親身な介護、彼女らの姿態に性愛的魅力を感じ、彼女たちへの関心はいやがうえにも高まり、熱愛してやまない。息子夫婦の目を盗んでは接触を図ろうとし、性愛の満足を得る。やがて、彼は女たちの行為に疑心をもち、身を慎むよう説教したり、嫉妬妄想を抱いたりする。また、女たちが惹かれる男たちに嫉妬心を燃やし、彼らの行動を絶えず監視し、挙句、暴力を振るったりする。息子夫婦は、はじめ老人の性欲を疑問視し醜悪感をいだいており、老人の挙動に周章狼狽するが、やがてわが身に置き換えながら老人に性欲、性愛欲求の存在することを是認せざるをえなくなる。

龍田、伏見、前山老人たちは——現代ではとても老人とはいえない年齢層に属するが——それぞれ優れた芸を持ち、生活に何の不安もない、精神的にも肉体的にも成熟した老人たちである。三人とも多彩な性の遍歴の持ち主でもある。龍田は、職業柄好色の心をなくしたら絵も駄目になると自己分析している。そして、老いの前では道徳は無力だとの認識を持ち、三人の女たちと性交渉を持つ。そのうちの二人が彼より年上の伏見千子と前山咲子であった。伏見千子は歌人であり、前山咲子は踊りの師匠である。彼の観念には六十を過ぎた女性は女としての役目が終わったとも、その年齢の性愛は醜いとも感じていた。が、千子の性は、彼女の「家庭の歴史と、千子自らの芸の業績と、地位と、年齢という幾重もの層を順に剥いてゆき、女の裸形に達するという手つづきの中に、眩暈に似た戦きがあった」「その白い皮膚は輝きを持ち、その顔よりもはるかに若い実績を保っていた。彼女の中から身を起こしたはたた神のような女の性は、私の予測をはるかに越える激しいもので、千子自らの拘束の利かぬものであった」。若い女も及ばない「女であることの深さ」を感じ、はたた神のような女の性に陶酔する。咲子の「その小柄な丸みを帯びた身体の動きは、蝸牛か栄螺のような強く収斂する体質を思わせた」。龍田は、二人の老女との出会いによって女をみる目が変わった。

　これら三作品に登場する主人公たちは、重吉老人を除き、世間一般の老人像とは異なる生き方が特徴的である。彼らは、伴侶を亡くした自由さもあるが、積極的に異性との性愛的交渉を持っていること、そしてそれは人生の終末期に向けてなんのわだかまりも持たず自由意志で性愛欲求を満足しようとしている。殊に三人の夫人は、高齢期の性欲や身体的な老化を醜い、いやらしい、みじめと感じることなく、また生き方が退嬰的にならず、若さを保つ意欲も旺盛なら努力も怠らない。性愛欲求も十分満足している。千子や咲子は生涯をかけて、没頭する芸の世界を持っている。北林未亡人は、越智との性愛関係を狂態を演じてもつなぎ止めようとする。龍田は、はじめ老いた女の性愛は醜いと想像していたが、千子と咲子に接し愛し合い語らいあったことによってこの醜の観念の修正を迫られることになった。彼女らも間違いなく生命に満ちていること、生命に満ちた若い相手を必要としていること、教養と人格を持った女性の性感こそ本当の性感だ、多くの老女たちが魅力を失うのは、精神の枯渇によると思うようになる。彼らの性愛行動は、さまざまな人たちとの性愛関係を体験し、さまざまな障害や挫折を経た後、自らの内部から押し寄せる性愛欲求を自然な感覚として受け止めている。そして、老齢期を迎えてあらゆる社会的制約へのこだわりや血縁的な愛情が薄れたとき、道徳へのわだかまりも滅じてきたように思われる。彼らの生き方は、老齢化してもなお、社会的制約や道徳にこだわる世間一般の高齢者への反面教師的な人たちである。

龍田は「水が涸れるように、我々の肉体から立ち退こうとしている生命の前では、道徳は無力だ」と宣言する。これは社会通念上高齢者の特権であるはずはないが、高齢者の性愛を醜と感じ差別し抑圧する社会に対する抵抗宣言である。高齢期を迎えたものの誰もが少しく同調できる観念ではある。いままで社会に貢献してきた恩賞として、死までのわずかな期間、社会的道徳的束縛から自由であって至当、との思いが無意識に存在してはいまいか。

彼の心には「道徳のまやかしに左右されて失ったものへの復讐の念」が彼を大胆にさせた。龍田、北林未亡人、伏見千子、前山咲子らのような生き方は、多くの高齢者から賛同は得にくいかもしれないが、高齢の女性の魅力、高齢女性への讃歌が高齢者の性欲求、性愛を否定したり、偏見によって歪める現代社会への警告になるかもしれない。そして、この作品に登場する老画家の「七十になってみたまえ、昔自分のなかにある汚れ、欲望、邪念として押しつぶしたものが、ことごとく生命の滴りだったんだ。そのことが分かるために七十になったようなものだ、命は洩れて失われるよ。生きて、感じて、触って、人間がそこにあると思うことは素晴らしいことなんだ。語って尽きず、言って尽きず」と歯軋りするように語った生の認識は共感できよう。しかし、高齢者の誰もがこの老画家と同様、性愛の欲望を躊い、尻込みし、我慢し、見送る人生を致し方なく送っているのが実相に近い。

　ますます長寿化する社会にあって、高齢者の抑えられた性愛欲求、あるいは孤独な生の問題は避けて通れない重大な課題である。高齢者の性愛を醜悪と感じたり、欲求を抑圧する社会はノーマルとはいえない。しかし、厳然と存在する高齢者の性愛欲求に関わる偏見や差別を改善することはなかなか難しい。従来の社会の一般通念や道徳感情から見ても、高齢者の性愛欲求の存在を認め、その満足を図る社会の実現を公然とは主張しにくい。高齢者を人間として完成された存在ととらえようとすると、客観的に見れば重吉老人の性愛行動は滑稽であり、幼児的である。北林未亡人の性愛行動は、醜い、好色、色情狂と誇られるのがおちである。龍田のように、「実に長い間、世の約束事を恐れ、それに服従して、自分を殺して生きてきた。もう沢山だ。私にこのあとしばらくは、思うとおりにさせて欲しいものだ」。画家として感覚優先に生きる心情を持ち、なお感覚の喜びを得たいとのつぶやきも、好色、ヒヒおやじと一言のもとに切り捨てられよう。さらに、認知症にもとづく性的精神症状・異常行動が加われば、高齢者の性愛行動が自然でノーマルなものと一般にはなかなか理解され承認してもらえそうもない。

「花芯」、「老春」、「変容」が刊行された当時、すでに「キンゼイ・レポート」（「人間男性における性行動」一九四八、「人間女性における性行動」一九五三、「人間の性反応」（マスターズ・ジョンソン夫妻、一九六六）が世間の注目を浴びてはいたが、高齢女性の性愛行動は龍田が感じたように「生身の人間の境を脱しかかっている偶像同志の抱擁のような、俗世の人の想像を超えた妖怪性」と世間の目には映っていたであろう。上代、中世文学に登場する老いた女の妖怪性に重なるからかもしれない。

しかしながら老年に達してみると、龍田のように年齢を重ねることによって見えてくる人間の真実もあるに違いない。北林未亡人のような執拗に若い男を一途に愛してやまない行為、そのために若さを懸命に保とうとする情熱は、死と孤独に直面する老いに生じる人間関係を切実に求める欲望の表現であると同時に、人間に共通した心理でもあることを認めないわけにはいかない。また、千子や咲子の芸道に精進する生き方と異性への性愛欲求は一体そのものであり、「教養と人格を持った女性の性感こそ本当の性感」で、若い女性からは求めて得られないものだ、と多彩な性の遍歴者龍田が感じる老いの性も否定しがたい。「人間の性反応」のマスターズ・ジョンソン夫妻が後に著した「快楽のきずな」において、男女の繰り返し繰り返しの「関わり」が性愛欲求の満足に影響するなら、精神的に成熟した異性との性愛関係で得た性感こそ本物であるかもしれない。龍田は、若い女性――

青い未熟な果実のような——から味わうことのなかったものを、千子や咲子から感じ取ったのである。千子には、「その豊かな崩れかかった身体の中に、深い層をなした思い出を生かし保っていた。人の姿や出来事の記録、さまざまな機会の涙、怒り、笑い、情感が、遠い過去の反響としてその内部に発酵し、美酒として満ちていた」し、性愛の地獄を体験した咲子からは、「一個の女性が、その願い、執着、気づかい、哀愁、嫌悪の一つ一つを味わって生きた」全人格と一体の性愛行動から感動を覚えるのだった。

さて、高齢期に至って、己の性愛欲求を自覚し、満足しようとすると重吉老人や北林未亡人に代表されるように、家族や周辺からさまざまな妨害、干渉、批判が生じる。彼らの行動は、「高齢者の癖に」はしたなく、醜い、家族にとって大変迷惑ごとと面罵を浴びるのが一般である。高齢者は、既に性欲が存在しないとの誤解、偏見をもったものからは、変態、異常性欲の持ち主と批判され、欲求阻止の対象となる。「性欲の存在」を肯定するものからは、道徳上、人格上から性愛行動に抑圧を強いられる。死期を目前に控えた多くの高齢者は性愛行動を極力抑え諦めるか、なお愛の対象を求める欲求が強く存するものは、孤独の悲哀が深まれば深まるほど、性愛欲求は切実となる。しかしながら、社会一般の誤解、偏見、阻止の壁は厚い。欲求を満足しようとすると、これらの障壁によって極度の葛藤状態、欲求不満状態に陥る。

この克服策は、龍田の考えたように、衰退する命の前では「道徳は無力だ」との認識を持ち、葛藤、欲求不満の解消を図る。長年持ち続けた抑制心をすこしゆるめるだけで、己の内なる切実な欲求をあるがままに、自然に、こだわりを捨て性愛の陶酔の境地に達することが可能となろう。性愛行動は、性欲の単なる満足だけではない。相手の人間性に触れ、また肉体的接触を通じて人間関係を深める意義ある行為の一つだと規定すれば、高齢者として回避すべき行為という以上に、むしろ積極的に選択してよい行為だと思われる。北林未亡人や重吉老人が若い異性に恋焦がれ、嫉妬心を燃やし、恋敵に敵意を向ける姿は、一面醜く滑稽ではあるが、そのひたむきさに人間の真実の姿が現れているように思われる。人間の一生を「誕生と性交と死」（T. S. エリオット）と表現した西欧の詩人がいた。「女の性が、男性という主体から侵されるだけの客体としての、受身に終わるあり方が不当だ」（ボーヴォワール「第二の性」）と叫んだ人もいる。「人生の目的はオルガスムスを味わうことにある」（C. ウイルソン）と記述したものもいる。人間は死ぬまで性愛欲求が存する以上、それを自覚し希求することが人間らしい生き方といえよう。

もし、千子、咲子のように芸道に精進し、若さを保つ努力を怠りなく生きれば、精神的にもみずみずしさを失わない精神的にも身体的にも成熟した「女であることの深さ」を持った女性は、若い女性も及ばない美しさ人間的魅力を持つに到るに違いない。これは男性も同様であろう、単なる仮想ではあるまい。龍田がいうように、老年になって「精神が弛緩してはじめて見えてくる真実」も間違いなく存すると思う。性愛関係は人間のパーソナリティ全体にかかわるものとしてとらえる必要がある。ことに切実に温かな人間関係を求める高齢期においてはなおさら必要である。

（2005）

注

注1　QOL（quality of life）「生活の質」・「生命の質」などと訳されている。

注2　はたた神：霹靂神、はたたく神の意。はたたくは雷が激しくなる意。

参考文献

1　市川隆一郎「文学作品にみる高齢者の性」（聖徳大学研究紀要、短期大学部、第三六号、二〇〇三）

2　瀬戸内晴美『花芯』（文春文庫、一九七六）

3　松本清張『老春』（文藝春秋、「松本清張全集三八」、一九七四）

4　伊藤整『変容』（岩波書店、一九六九）

5　中村真一郎『この百年の小説―人生と文学と―「老年」』（新潮選書、一九七四）

6　『伊藤 整集』（現代の日本の文学三一、学研、一九七一）

三、文学作品に見る高齢者の性（三）

はじめに

初回は、高齢者の性が、みだら、けがらわしい、惨め、醜いとの観念、感情で捉えられてきた様をみた。(1) 第二回は、作中の主人公たちが世間一般の観念に抵抗するように性愛欲求を満足する様をみてきた。

今回は、二編の作品を取り上げ、性愛欲求、性愛関係が個人のパーソナリティと深く関わっているかをみようとした。主人公たちは、己の切実な欲求を満たすために、社会規範、道徳、宗教や世間の偏見、差別の規制とどう向き合い、どう折り合っていったか、葛藤の渦に巻き込まれながら、苦悩を重ねながら、解決——妄想様体験を通して——していった二人の生き様をみる。

第二回では、主人公たち自身が、世間一般の観念に抵抗するように性愛関係を求めたり、あるいは、自然、本能的な行為と悟りにも似た境地で性の満足を図る人たちが登場する。[2]「花芯」[3]の北林未亡人、「老春」[4]の重吉老人、「変容」[5]の画家の龍田北冥、歌人の伏見千子、踊りの師匠前山咲子たちの性愛関係は、老いの生き方に豊かさを与えている。

彼らにとって性愛は、周辺の思惑も、常識も、道徳も彼らの前では何の拘束力も持たない。龍田、伏見、前山老人たちは、それぞれ優れた芸を持ち、生活に何の不安もない、精神的にも肉体的にも成熟した老人である。また三人とも多彩な性の遍歴の持ち主でもある。龍田は、職業柄「好色の心をなくしたら絵も駄目になる」と自己分析している。そして、「老いの前では道徳は無力だ」との随分身勝手な認識を持っている。その彼も、彼の観念には六十を過ぎた女性は女としての役目が終わったとも、その年齢の性愛は醜いとも感じていた。が、老女との性交渉は、「その豊かな崩れかかった身体の中に、深い層をなした思い出を生かし保っていた。人の姿や出来事の記憶、さまざまな機会の涙、怒り、笑い、情感が、遠い過去の反響としてその内部に発酵し、美酒として満ちていた」し、若い女性に及ばない「女であることの深さ」を感じ、はたた神[注1]のような女の性に陶酔する。また、別の女性からは「小柄な丸みを帯びた身体の動きは、蝸牛か栄螺のような強く収斂する体質を思わせた」と述懐する。そして　二人の老女との出会いによって女性を見る目が変わっていった。

これら三作品に登場する主人公たちは、早く伴侶をなくした自由さもあるが、すでに、青壮年期さまざまな性体験を持っていたこと、積極的に異性との性愛交渉を経験したこと、また、性道徳に縛られない自由な観念を持っていたことが、人生の終末期に向けて何のこだわりも持たず自由意志で性愛欲求を満足することができた人々であった。ことに、三人の女性は、高齢期の性欲や身体的な老化を醜い、いやらしい、みじめと感ずることもなく、また生き方が退嬰的にならず若さを保つ意欲も旺盛なら努力も怠らない。そして、性愛欲求も十分満足している。これほど積極的に性愛欲求を満足しながら高齢期を生きられる条件は、既成の道徳的観念から自由でなければならないと思われる。画家龍田の「老いの前では道徳は無力だ」の宣言は、高齢者の性愛にかかわる偏見、差別や既成の性道徳に縛られ性愛欲求を躊躇い、尻込みし、我慢し、見送る人生を致し方なく送ってきたものから見れば、垂涎の道徳観念である。しかし、厳然と存在する高齢者の性愛欲求にかかわる強固な偏見や差別を改善することは難しい。この改善の方法の一つは、社会の側からの道徳的規制や高齢者自身の心理的抑制から自分自身を解放し自由にすることかもしれない。

また、高齢者になって「精神が弛緩してはじめて見えてくる真実」もあろうし、「女であることの深さ」も体験されよう。性愛関係は個人のパーソナリティ全体にかかわるものとして捉える必要があろう。

今回は、遠藤周作著「スキャンダル」[6]、円地文子著「彩霧」[7]の二作品を取り上げ、性愛関係がいかに個人のパーソナリティと深くかかわっているかを見てみたい。この作品の主人公たちは、既成の道徳や宗教の戒律を従容として受け入れつつも、それを破壊したい葛藤に苦悩するクリスチャン作家勝呂（六十五歳）と七十歳になってなお十四、五歳の少女のような愛を探し求めることに絶望しながらも、諦める代わりこの後も愛する能力が自分のうちに芽生えないことはないと考える女流作家堤（六十九歳）の物語である。

主人公たちは、前者は、精神医学の範疇に属する二重人格様体験を、後者は稀有な妄想様体験を通じて自身の心の深層に存在する性愛欲求を自覚する。いささかミステリアスなテーマであるが、自身の心の深層に存在する性愛欲求を自覚するところから難しい性愛問題を見つめ葛藤を繰り返していく。この二人の主人公は、本能的な人間の根源的な欲求の自覚から始まって、つまり、自身の切実な性愛欲求を満たすために、社会・宗教的道徳や偏見、差別の規制とどう向き合ったらよいか、どう折り合ったらよいか、その解決法の一つを示唆してくれているように思われる。

「スキャンダル」（遠藤周作）

「スキャンダル」は、一九八六年新潮社から刊行された。著者六十三歳時の作品である。遠藤周作（一九二三～一九九六）はクリスチャン作家としての高い評価を受けている。慶應大学仏文科卒業。フランス留学の後、作家となり「白い人」で芥川賞受賞。「海と毒薬」「沈黙」「イエスの生涯」「侍」「深い河」などの作品で知られる。平成七年文化勲章受章。「スキャンダル」が刊行される五年前、日本人とキリスト教をテーマとした「侍」を発表している。その頃から著者は「私は自分が創りあげた文学世界をどうしてもゆさぶりたい衝動にかられたのである。衝動は抑えようとしても抑えきれなかった」その衝動は、三十数年前に著者の心中に胚胎していたものであった。それは、人間の心の一番奥にあるもの、それも暗い部分を知りたいという気持ちが強くあったからだと後に述懐している。ユングの深層心理や仏教の阿頼耶識など無意識への関心と罪と悪の問題に強い興味を抱いていたのである。対談の中で、私個人も自分の中に、一生懸命勉強したり作り上げた思想の他に、もう一つの、無意識の中に持っている自分があるんじゃないかと考えた、と語っている。そこで今度は自分の中のもう一つの自分を探す小説を書いてみたいが動機となって、このミステリアスな作品が完成したのである。

「スキャンダル」の概要

この作品の主人公は、六十五歳のキリスト教作家勝呂である。勝呂は、結婚したときから仕事と家庭をはっきり区別することを同じ信仰を持つ妻に頼んだ。夫の仕事に口を出さぬこと、小説の内容に決して干渉しないことなどである。妻がすぐそばにいるという感覚がやがて安心感に変わり、それは母のそばで眠る子供時代の心情にそっくりであり、落ち着いた夫婦生活を長年営んできた。それが三十年経って、この憩いのある場所から出ようとし始めたのである。人間を見たい、人間のすべてを知り尽くしたいという欲望。底の底まで見尽くしたい。その欲望は小説家として本能のようなものになっていった。最新作の授賞式のとき、文学仲間から、日本でクリスチャンとして育てられたことは、作家の彼にとってある意味では幸福であり、ある意味では不幸だった、彼の作品の神はどこか西洋人の思想の借りものだからね、胡散臭い。勝呂はまだ、本当の自分をよく掴んでいないんだ。頭だけの考えで本物ではないという感じがすると評される。さらに、人間の罪を好んで描いてきた勝呂は、暗中模索の末に、罪の中には再生の欲求がかくれていることを作品の中に示すようになり、どんな罪にも、現在の窒息的な生活や人生から活路を見つけようとする人間の欲望がひそんでいると言っている。それがおそらく勝呂文学の独自性だ、と批評される。しかし、勝呂自身は、最新作をもって自分の人生と文学とに纏まりをつけたことに満足感を覚えていたのである。この授賞式の席上、勝呂は不思議な体験をする。招待客の後ろに彼に酷似した顔――薄ら笑いとも嘲笑ともつかぬ嗤いをうかべていた――を発見したのである。パーティの折にも、絵描きの若い女性から、覗き部屋やポルノショップの並んだ通りで真夜中彼女らと遊んでいた勝呂先生となれなれしく話しかけられる。否定する勝呂にクリスチャンだから本音とたて前をわけなくちゃねえと、若い女は勝呂を執拗にからかう。

その後、勝呂はこの女から情報を得た週刊誌のルポライターの男からも、新宿のいかがわしい場所で遊んでいた行動の真偽についてしつっこく追及されることになる。この男は、以前から、阿片である宗教を信じる人間には民衆をだます連中との不快感を持っており、勝呂の写真を見る度に漠然と感じていたことが裏付けられたとの印象を強めたのである。彼は、根も葉もないスキャンダルをつくり、二面性を持つ勝呂のような作家を引きずり下ろす快感に疼くのだった。

一方、勝呂は、先生も結構わるいことをする、真夜中わたしたちといたことを人に知られたくないのねと、若い女たちからも揶揄される。絵描き女の言葉に拘泥する自身をおかしいと感じながらも、結婚以来、他の小説家と違って、いい夫、いい父親の姿勢をとってきたのは、自分がクリスチャンだからではなく、生活や外見は普通の市民になろうとの気持ちからで、妻との間でも生活の均衡を乱す行動は滅多にとらなかったし、妻を不安にさせる言葉も努めて口に出さなかったのはクリスチャンの家庭で育ち、修道女のいる学校を出た妻へのいたわりからであった自分に思い至る。

勝呂は、街中で偶然知り合った不遇な中学生のミツに同情し、土曜日だけの家事手伝いを頼む。指関節の不自由な妻に代わってであったが、一時の感傷と衝動に捉えられてのことで嫌悪感をともなっていた。その勝呂が、ミツの懸命に働いて流す汗に香りの強い花のそばに寄ったようなかすかな眩暈を感じるのであった。また、夢の中で、鏡に映る自身の老いた容貌に驚いたり、花模様のパンティをはいたミツの少女らしからぬ姿態に欲情したりする度に、いやな夢を見たと恥じ、不必要なほどの屈辱感、羞恥心を感じるのであった。やがて、勝呂は病院でボランティア活動する成瀬夫人、絵描きの女たちから人間は理屈にあった解釈などとても出来ぬ、実に奇怪で不思議なもの、矛盾だらけで、探っても探っても底知れぬ深い真っ黒な心の層があることを気づかされるのであった。性愛欲求もさまざまな形で満たしあう彼女らのサディズム、マゾヒズム、レズビアンの世界を、映像を通して体感的に知ることになる。清潔、誠実そのものの成瀬夫人にしてみても、普段は温厚だが性生活では残酷な色を浮かべて貪欲に貪る亡き夫との性生活で、思いがけない性体験をもったのだ。夫が戦時中犯した残虐行為の話からその凄惨な状況を想像した瞬間、彼女は、なんとも言えぬ衝撃と快感を覚え、夫に対する愛情が増し、突如性的快感を得たのである。夫の中にある二面生の複雑さが夫への執着を高めたのである。勝呂はある日、成瀬夫人に誘われ覗き部屋の穴から、自分に酷似した男がミツを愛撫している光景を見る。「男は掌でミツの円錐のような胸のふくらみを何度もこすった。彼が少女の乳房の柔らかさと弾力とを掌を通してゆっくり味わっていることはよくわかった。……男が今、味わっている感覚がそのまま彼に伝わってきた。自分のそれと寸分ちがわぬ顔が少女の腹部に接している。……彼はいつか男と合体してミツの腹部に口を押しあて、そこを吸い、口を動かして乳房のまわりを吸い、顎を吸い、夫人と同じようにミツの命を体内に移そうとしていた。皺がより、染みのあちこちに浮き出た老人の体……腹にも乳房にも老人の唾がなめくじの這った痕のように光った。この肉体をもっとよごしたい。死の近い者が生命のみちた者にたいする妬み。その妬みが快楽にまじり口を動かしているうちに烈しく強く燃え、彼は思わず少女の頸に手をかけた」彼は、気を失った者が息を吹き返すように我にかえり、「この少女の肉体にたいする嫉妬だけではなく、もっと混沌とした衝動の渦に彼は吸い込まれていた。その渦はあまりにも烈しく、あまりにも快楽的で、拭いがたいほどの強さがあった」ことを自覚しながら、一方でその混沌とした衝動の強さから彼を救ったものは何かを考えるのだった。「醜悪そのもの」の行為、男イコール勝呂の不潔でいやらしい嗤いや、ミツに覆いかぶさった動物のような男の姿勢は醜悪そのものであった。……あの男が醜悪ならば、その醜悪は腫瘍のように彼の裏側にかくれていたのだ……だが今日からはこの醜悪を自分のものと認めざるをえない。醜悪の中にも救いの徴を見つけなければならない、と考えるのだが、彼にはこの己の醜悪感をどう処理していいのかわからない。彼が小説の中で今まで描かなかった真っ黒なものが、心の奥に隠れているのは確かだ、平生は眠っているが、或る状況で不意に目を覚まし動き出すことに気づいたとき、彼は狂人のように大きな声を出すのであった。彼の口から「心狂える人間を憐れみたまえ」の声が漏れた。勝呂は、キリストが抵抗する力もなく血まみれになって足を引きずり刑場に向かうとき、罵声をあびせ、石を投げ、その苦しむ姿に快感を感じた群集のことを今まで一度も考えたことがなかったことに気づいた。彼も同じ場に立っていたら、石を投げ、苦しむ姿を見て快感を感じなかったとは絶対に言えないと思うのだった。何故なら、あの男と一体化した勝呂がホテルで体験した衝動には、行きつくところまで行かねばならぬ激情でミツの身体を汚したばかりか、最後には彼女の頸を絞めたからである。

「彩霧」（円地文子）

「彩霧」はさまざまな雑誌に連作の形で掲載され、八年かけて完成した作品である。昭和三十六年に出版され、野間文学賞を受賞している。円地文子（一九〇五～一九八六）は、東京生まれ。二十歳頃から戯曲を執筆し、後小説に転じる。作品には、「妖」「朱を奪うもの」「女坂」「食卓のない家」「源氏物語」などがある。円地文子は、四十一歳の時、子宮がんを患い、子宮摘出手術を受けてからお嬢さん作家から一流作家に飛躍したといわれている。女性の機能を失った後から、「女性のなかの生命的なものを、想像力の働きによって、完全な虚構の世界として築き上げるすべを獲得した」（山本健吉）と評されている。彼女は女の機能を喪失してから、「生命全体が焔になって燃え上がる瞬間を滋子は経験したことがない」「滋子は男と女の肉体と精神が自然に結ばれていく過程……愛情の倫理とも名づけられる筈の情感に初めから盲でいた」（「朱を奪うもの」）。自由で奔放な女性像を描いた「妖」「女面」「双面」「老桜」などの作品は、中年期、老年期における女性の生命力の復活、思春期、青年期につぐ性の第三の目覚めを描いている。「妖」は、総入れ歯で、すでに髪の毛も薄れ、すでに夫との間には性交渉もないが絶えず若返りの欲求と性欲を意識するようになる女を描いている。

円地の作品は、明治の時代の女の抑圧された自我と愛を描いたもの（「女坂」）、幻覚や憑依現象などを扱ったもの（「彩霧」）、「食卓のない家」に代表される社会的事件に拠ったもの、あるいは自伝風の小説（「朱を奪うもの」）がある。とりわけ「彩霧」の系列には、円地の古典の素養を現代に生かした特異な作品が多い。「彩霧」は、「賀茂斎院絵詞」なる架空の絵巻物を作り上げ、盛んに想像力を働かせる老女の性愛ドラマに仕上がっている。このドラマには、二人の老女が登場する。作家の堤紗乃、熊野の神官から相伝された「賀茂斎院絵詞」を持つ川原悠紀子である。二人の女の心は飛翔してやまない。

「彩霧」の概要

作家の堤紗乃は六十九歳になるが、夫はすでになく子供も結婚して家を出てしまったから、目下独居老人である。軽井沢は久方ぶりの来訪である。東京の家が空襲で焼け出された一時、軽井沢の別荘暮らしをしたことがあった。「老女という形容とはどうにもそぐわないのであった。身体はきゃしゃで、小さいところは、一人前の大人というより、むしろ少女じみている」、が恥ずかしがりもしないで、女はいくつになっても役者であると思っている。皮膚のしぼみ、失せた艶、総入れ歯、薄い髪。糖尿病、心臓病、胆石などの持病のほか、網膜剥離の手術に失敗して、片眼はほとんど失明している。今では鬘をかぶり誰も気にしないだろうと決め込み、図図しく構えている。そして、成功しない劇の中の冴えない女主人公を自認している。しかしながら、この数年死ぬことばかり考え、気分は滅入りこむ一方で、すべてが空しく、阿呆らしく感じられてならない。かつては素晴らしい恋愛だの夫婦愛だのを羨望と嫉妬をこめた眼で見たものが、愛と聞いただけで、総毛立ち、アレルギー反応を起こす始末。それでは愛に絶望しているかというと、十四、五歳の少女そのままの愛、いやそれ以上に原始的な愛を探し求めているのだ。愛の対象を求めることを諦め、絶望しているものの、愛する能力がこの後、芽生えることはないとは言えまいと考えている。そんな紗乃ではあったが、ヨーロッパ旅行以来ノイローゼ状態から解放されて、妙に元気になっていた。

その紗乃に変化が訪れる。川原悠紀子との出会いである。悠紀子は古い神社の神官の家の出で、王族にも血縁がある。紗乃より年上であったが、別荘界隈では昔から美人として有名であった。幾多の男遍歴もあり、しかも現在も若い男と同棲する悠紀子には代々伝えられてきた一子相伝の変体仮名で書かれた「賀茂斎院絵詞」なる秘物がある。それを、悠紀子が紗乃に贈るというのである。紗乃には小説を書かずにいられない――生きていくためにも――不可抗な自己顕示の欲望は衰えていない。他者に絶対見せないことを前提に時代を想定できないぐらい古い絵詞を貰い受ける。紗乃はその絵詞を見て一驚する。絵詞は変体仮名で書かれており判読は難しいが、絵には賀茂神社の斎宮と彼女に仕える若い舎人との交合の場面が現れた。また別の絵には裸形の斎宮を歓喜の表情でまるで観音像を礼拝するが如き舎人の姿を眼にする。十二、三枚ある絵のうち、交合図はいずれも潔斎の場所でのもので、最後の絵は、美しい顔であるが、骨ばかりにやせ細った白髪の老いた裸形の斎宮が男に抱きかかえられているものであった。紗乃はその絵を見ながら、己のうちに自然に性感のうごめくのを覚えるのであった。川原夫人はかつて、紗乃に或る男と結ばれて以来「自分にも分からない能力が身内に生まれ、男と交わるときには常に自分が自分でなくなるように変わった」と語ったことがある。彼女はやがて衰弱し死期が近づく。夫人には刈屋という四十代の男が三十年以上もかしずいていた。あたかも、斎宮と舎人の関係に似ていた。刈屋は一子相伝の絵詞を川原夫人から読み方を教わり、ノートに書き残していた。紗乃は刈屋からノートを借り受け絵詞の全容を読み解く。絵詞には、賀茂の斎宮と舎人――極端に身分の違う男女の性交するに至った経過が記述されていた。潔斎の場に乱入した男によって凌辱のうえ殺された斎宮を、「斎宮は死に給うている、汝の生命を御身に吹き入れよ」の啓示をうけた若き舎人は、交合の状態で必死に斎宮に生命を吹き入れ彼女を蘇生させたのである。

絵詞は、この不思議な状態での男女の性交が、男にとっては至上の幸福であり、同時に深い悲しみとも結びついた秘事を、其の時の恍惚状態でおわらせるのが惜しいとの思いから、男によって書き留められたと思われる。斎宮は、男の精魂こめた献身的愛情によって蘇ったあとも、端然として神への奉仕を勤めた。その後も潔斎のたびに共寝の状態は続けられた。斎宮と舎人の交合は、はじめの初々しさは失われた代わりに、ある時はあでやかな春霞のような、ある時は秋の時雨の晴れ間の七色の虹のような妖しいなまめかしさが溢れ漂い、舎人の心身を自在に玩び、歓喜の絶頂から絶望のどん底まで舎人を突き落とすのであった。「みとのまぐあひ」が終わって、ぐったりと抱きかかえられた斎宮の乳房は、初めの頃は蓮の蕾の開き始める時の張りを持っていたが、後には夜明け方の夕顔のように白くしぼんで見えた。舎人には、そのしぼんだ乳房も若い頃にも増して麗しく神々しく覚えたのであった。斎宮は舎人と交わることによって一種の霊媒作用が触発され、一番神に近い存在となっていたのである。

絵詞を読み終わった紗乃は、自身の老いの人生を考える。そして、次のような経験をする。「ベッドに身を横たえているときでも、足の先や手の指が痺れだし、それは微かな痙攣を伴って全身に伝わって来る。胃や腸には別状はないが、心臓は不調にときめき、乳房は急にふくらんできたようで、古事記の言うみほとからは、何ものかを呼ぶおらびが聞こえる。待つような吸うような感覚がそこから声を上げさせ、同時に身体はわが身であってわが身ではない妖しい動きにうねらされて、曾て川原悠紀子の形容した蜘蛛のような海星のような状態になるのであった……気難しげに唇を閉じた男の身体がかさなって来、吸盤のおらびに応えるように自分の中に取り込められて行く」自分が自分で無かったような、夢を見たような不思議な性交体験の後には、紗乃が生涯に曾て味わったことの無い蜜のように粘っこい甘い感覚が残っていた。入浴後鏡に映るわが身に「いくつになっても若い男と交わるのは楽しいものだ」と語りかけるが、やがて快いナルシシズムは消えて、女餓鬼のように痩せさらぼえた醜い老女の裸身がそこにあったことに気づきながらも、若い男の来訪に、自分に関心を持っているに違いないとの妄想にとり憑かれる。年齢を忘れて、若い男が自分に愛を求めるなどという錯覚自身、老耄の現れであるかも知れない、他人が自分の内心を知ったら、恐らく醜い、狂人じみていると思うに違いないと思う。よしんば、川原悠紀子が憑りうつっているにしても、その憑依状態を避けて、七十年保ち続けて来た理性を保持しなければならない。自分は死ぬまで、自己反省の衣装は脱ぐまいと覚悟をあらたにする紗乃であった。しかし、いつしか紗乃は、川原悠紀子が憑依したかのごとき行動を取るようになる。それを意識させられながらも、自分自身が自然に変わったのではなくて、何かに変えられたことへの抵抗があった。当然、川原悠紀子や斎宮によって変えられたとは思いたくはなかった。いくつになっても断絶しない性愛欲求を意識しつつも、いまさら川原夫人になって何人の男に愛を捧げられたとしても、夫人に触発されてと思うことは金輪際嫌であった。私は夫人に抵抗する、と叫びながら、これまでの精神が失われて呆けた結果だと思い始めるのだった。そんな折、若い男から、どうかすると、眼つきから身体つきから声、動作にいたるまで、二十数年前の川原悠紀子のミニチュアが立っているように見える、といわれることがあった。紗乃もまた、男の自分に向けている粘っこい情念が燃えていて、それに自分のうちの、のたうち、うねり、おらぶ声がして男に答えているのが分かった。このままの状態を続けていれば、相互にひきつけあってしまう恐れを感じるのであった。紗乃は、このまま欲求を放置しておいたらどこまで放埒に広がっていくのかも分からない得体の知れぬ化け物が自分の中に住み着くようになり、その放恣な欲情と抑制との鬩ぎ合う中で、紗乃の生命が不自然に若やいだり、萎えしぼんだりしているような気がして、絵詞を処分することで夫人と斎宮・舎人の呪縛から逃れることを決意する。

考察

「文学作品に見る高齢者の性」（二）[8]では、高齢者の性愛行動は、登場した作中の主人公も周辺の人たちも、みだら、いやらしい、けがらわしい、惨め、醜いとの観念や感情で捉えられていた。「文学作品にみる高齢者の性」(二)[9]では、主人公たち自身が性愛行動を、周辺の観念や感情に抵抗するように、人間性にとって性は極めて自然で、本能的行為として、積極的に性愛欲求を満足させている人たちを見てきた。ここには、高齢になっても性愛欲求が存在すること、若年期のものとは生理的、感覚的にも異なる性質のものが存在することが描かれている。「老春」の重吉老人は、すでに性交能力は失ってはいても、若い女性に対する性愛欲求は亢進していた。しかも、若者の性愛行動に接して不倫と邪推したり、妄想行動とも思われる行動が現れたりするが、単なる老化現象と一笑に付してはなるまい。高齢期にいたった登場人物の切実な生き方——死に対する不安や喪失した能力への悲哀、過去への悔恨——と深くかかわっていることが見てとれる。登場人物のそれぞれの人生を振り返ったとき、それぞれが悔恨を伴いながらも、多彩な性遍歴の持ち主であった。彼らは過去の体験に否定的感情を持っていなかった。男の龍田、女の伏見、前山は、精神的にも肉体的にも成熟した人たちであった。病気を背負った重吉老人にしても、子供夫婦の介護を受けながら、子供たちの手前葛藤しながらも若い女性を追ってやまない心理には共感を覚えさえする。

人間は死ぬまで性愛行動が存する以上、それを自覚し希求することが、最も人間らしい生き方と言えよう。性愛行動は、性欲の単なる満足だけではない。相手の人間性に触れ、また、肉体的接触を通じて人間関係を深める意義ある行為の一つでもある。作中人物の伏見、前山はそれを実証している。彼女らのように芸道に精進し、若さを保つ努力を怠りなく生きれば——性愛欲求の満足も含め——、おそらく、精神的にも肉体的にも成熟した人間的魅力を持つにいたるに相違ない。龍田が言うように「精神が弛緩してはじめて見えてくる真実」も間違いなく存在しよう。現実的には、高齢期の性愛欲求は社会の抑制的制度、周囲の差別や偏見、自身の道徳的抑制によって、満たしにくいのが実状である。孤独死、高齢者の自殺、高齢者虐待、高齢者同士の殺傷事件などの問題は、家族崩壊、深刻な疾病苦、生活苦、介護疲れなどの社会的背景を持ったものには相違ないが、一人ひとりの生活歴を追うことが出来たら、一人ひとりの性愛欲求がいかに阻害されていたか、性愛欲求に伴う深刻な葛藤体験も持っていたかが捕捉されるに違いない。そしてこれらが、かかる事件の根底に深く関与していたかを実証できるに相違ない。今回は、人間の心の追求に賭けた男女二人の作家に登場してもらって、性愛欲求がパーソナリティ全体にかかわるものとして捉える必要を強調してみたい。

「スキャンダル」の勝呂、「彩霧」の堤紗乃は、老いの不安に直面してなお、否むしろ老いたればこそ一層己の性愛欲求の強さを自覚する。クリスチャン作家の勝呂は、老いは不惑でも澄み切ったものでもなく、彼にとっては醜悪で悪夢のようなイメージで現れ、いままで気づかなかった自分がむき出しになる老いの現象を見た。勝呂は己の文学のテーマから性を意識して避けてきたが、時には夢によって、ある時は成瀬夫人の告白によって、意識下に加虐的欲望や若い女性に対する性欲の存在に気づかされ煩悶する。古典文学に造詣の深い堤は、「賀茂斎院絵詞」の持ち主の川原悠紀子と絵詞に登場する斎院と舎人の二人の性愛行動に刺激され、自身の内なる性的な「おらび」(注2)によって、性的快感をおぼえ死への恐怖から回復する。勝呂はクリスチャン作家と周囲も見、己も人間の罪を好んで描き、性を文学のテーマから避けてきた。批評家は、勝呂は性をこわがっていると評した。高齢期に達した現在も、作家活動にも妻との愛情関係にも何の不満もない心境にあったが、ある日、青天の霹靂のような体験をする。表情も癖も自分とそっくりな男を目撃するのだ。勝呂がポルノショップ街やホテルで若い女性とマゾヒズム、サディズムまがいの性遊戯に耽っているとの風評が密かに立つ。それをスキャンダルにしてひと稼ぎしようと正義面をしたルポライターが勝呂を執拗に追いまわす。そんな渦中で、勝呂は欲情的に振舞う少女の夢を見「悪夢」を見たと恥じる。また、彼のファンでもあり病院のボランティアの成瀬夫人から「性は自分でも気づかない心の奥の秘密をみせる」といわれ、突然少女の夢の光景が再現する。勝呂は、こんな会話を同じクリスチャンでもある妻と一度も交わしたことがなかったのだ。勝呂は、小説を書きながら、「人間の心の奥には自分の知らない暗黒がある」、罪ある行為は、抑圧された無意識的欲望が歪んだ形で噴出したもの——「もがいて、罪を犯す」「どんな罪でも無意識となんらかのつながりがあると思う」「人間の罪は当人の再生の欲望をあらわしている」「罪のなかに救いの可能性が含まれている」と考えるようになっていった。覗き窓から見る他人の性の営みも「わびしく白けてしかみえぬ」のは、老いた証拠だと年齢のせいにしていた。妻と「このまま二人で静かに生き、静かに死を迎える。文学だってもう今まで創りあげたものを深めていけばいいのだ。無理をしないこと。冒険をしないこと」と己に言い聞かせる。そんな彼に老いが否応なしに襲いかかる。鏡に映る「人生の疲れが残っている顔。黄濁した眼。鬢に随分白髪がまじっている。六十五歳の顔。六十五歳になってもまだ迷っている。動揺して、鼠のように怯えている」醜い顔をもった勝呂は、やがて妻に秘密を持つようになる。成瀬夫人との密会だ。彼女には小説家の勝呂をなぜか刺激するもう一つの姿がある。マゾやサド行為に耽る若い女たちの狂態をビデオで見た勝呂は、暗黒の感覚とすさまじい欲望が人間の心の深部にあることに強い疑念と関心を持つ。

やがて、勝呂は成瀬夫人から彼女の性の秘密について真実を知ることになる。彼女は、夫との性行為中、戦時中の彼が敢行した残虐行為の話を聞くに及んで、衝撃と共にしびれるような性的快感を味わったのだ。その夜の体験を想像するだけで、何とも言えぬ悦びと、夫に対する愛情が増したと言う。夫が死ぬまでの間、二人の肉体に烈しい刺激を与えてくれる火種にしたとも言い、それを利用している自分に嫌悪感を感じなかったと告白したのだ。

　勝呂は、成瀬夫人に触発されて、自身の中に潜む誠実なクリスチャン作家の顔と、意識下に加虐的な欲望と性欲の存在することに気づき、醜悪そのものの己の二面性にたじろぐ。堤は、老いを迎えて一時期死を念慮するようになり、ノイローゼ状態を経験するが、ヨーロッパ旅行から帰って妙に生き生きと動き回れるようになる。その折、妖婦とも噂された川原悠紀子から「賀茂斎院絵詞」を贈られる。この絵詞をひもといた時から、悠紀子が憑り移った異様な体験をする。紗乃は若い男から異常な関心を向けられたとの妄想にとり憑かれたのである。紗乃にはそれが疎ましいよりも好ましく、年齢を忘れて若い男が求愛するなどは錯覚だとも老耄の現われだとも、醜いとも感じながら、一方では七十年保ち続けてきた理性を保持しなければと葛藤を起こす。紗乃も勝呂同様、夢や妄想様体験によって生涯曾て味わったことのない性的快感を覚えたのである。絵詞の斎院が悠紀子を通して自分に憑いたのか、それとも老境に入った女の性が他目には分からぬ窯変を起こして、自分を別の女にしているのか疑心が尽きない。ナルシシズムに浸りながら鏡に映る女餓鬼のように痩せさらぼえた醜い老女をおもい知らされるのであった。紗乃は自分でも気づかぬうちに、若い頃の川原悠紀子を知る男から、悠紀子そっくりだと感じさせるくらい容姿や眼つきが似てきたのである。

勝呂も堤も、作家として人間の心の深層にせまる仕事を続けるうち、いつしか老境にはいって身体の変化と死を思うようになってから、精神医学的には説明不能なミステリアスな体験をする。勝呂は解離性同一性障害（かつて二重人格・多重人格といわれていた）[10]あるいは妄想性障害をも疑われる異常な体験をし、堤は異常な妄想性障害様体験あるいは憑依現象とでもいうべき神がかり的な体験を繰り返した。二人の作中人物は、それぞれ老年期を迎え、人格的にも完成し小説家としても、道徳的に見ても恥ずかしくない人生を送っていたと密かに自負していたが、老いの醜悪さと死の不安に直面したときから異様な体験を繰り返すこととなる。その体験を通じて、二人は曾てない性的快感を、勝呂は己の意識下にうごめくサディズム的な欲望の存在に気づかされるのであった。

高齢期の性愛欲求は、己が意識するとしないとに拘わらず満たすことが可能でもあり、また終末期の人生に不可欠な――自己実現を希求するためにも――欲望でもある。しかしながら、現実的には社会的制約や老人の性にまつわる差別、偏見のために十分に満たすことができない。高齢者自身も精神的制約から自らを諦観しているか、道徳的に自己抑制を強いている場合が多いのが実情であろう。勝呂も堤もこの後者の範疇に入る人々であろうか。勝呂は、クリスチャン作家として人間の心の暗黒を追及しながらも、性をテーマとして取り上げるのを避けてきた。また、堤は女の性に強い関心を持ちながらも、己の肉体から発する叫びには眼を向けなかった。また、高齢者の中には、人格的にも差恥心や劣等感がブレーキとなり、悶々と悲哀をかこっているものもあろう。いずれにしろ、高齢者の性愛欲求の存在とその実現については、社会の側も高齢者自身も真剣に眼を向けていない。勝呂と堤の異様な体験は、老いの切実な欲求をミステリアスな妄想様体験を通じて提示した。

老いの心理は、各人固有の、パーソナリティ形成と深くかかわった言語表現しにくい新しい体験であると思われる。肉体や「精神が弛緩してはじめて見えてくる真実」（「変容」の龍田の言葉）もあろう。勝呂も堤も作家として、家庭人として豊かな人生経験を積んだ先に、老いの切迫した問題に直面した。そして、己の心の深層に切実な性愛欲求の存在することを自覚し、既成道徳・差別・偏見・己の信条と葛藤を起こしながらそれぞれに問題解決を図っていった。もし、高齢期の性愛問題に解決の道があるとすれば、その人に相応した、勝呂や堤のように葛藤に苦しみながらも妄想や夢による性愛欲求の解消をしていった、そういう解決の仕方もあろうし、波多野完治が提唱[11]したように、「猟奇の道」や「昇華の道」があるかもしれない。また、河合隼雄がいうように[12]、性を御身を愛することだと考えると、性の満足の仕方を性行為に限定しなければ、もっと広がりと深みを持つようになるだろう。いずれにしろ、性愛欲求の満足の仕方は個性に応じて幾通りもあるに相違ない。（2006）

注

注1　はたた神：はたたく神の意。はたたくは雷が激しくなるの意。

注2　おらぶ：悲しみのあまり、泣き叫ぶ。どなるの意味。

参考文献

1　市川隆一郎「文学作品にみる高齢者の性」（一）（聖徳大学研究紀要、短期大学部、第三六号、二〇〇三）

2　市川隆一郎「文学作品に見る高齢者の性」（二）（聖徳大学研究紀要、人文学部、第一六号、二〇〇五）

3　瀬戸内晴美『花芯』（文春文庫、一九七六）

4　松本清張『老春』（松本清張全集三八、文藝春秋、一九七四）

5　伊藤整『変容』（岩波書店、一九六九）

6　遠藤周作『スキャンダル』（新潮社、一九八六）

7　円地文子『彩霧』（『円地文子全集第一三巻』、新潮社、一九七八）

8　前掲書1に同じ

9　前掲書2に同じ

10　DSM-Ⅵ、高橋三郎、大野裕、染谷俊幸訳『精神疾患の診断・統計マニュアル』（医学書院、二〇〇〇）

11　波多野完治『吾れ老ゆ故に吾れ在り』（光文社、一九九三）

12　河合隼雄『老いの道』（読売新聞社、一九九一）

二章

明治期の感化事業と先達

有馬 四郎助

留岡 幸助

佐竹 音次郎（保育の父・佐竹音次郎に学ぶ会提供）

一、佐竹音次郎と児童保護事業

はじめに

高齢化社会を迎えたわが国にあって、社会福祉需要はますます増大しつつある。この福祉需要を満たすには、社会福祉事業従事者の福祉思想、援助技術、倫理等の育成の問題がある。社会福祉理念であるノーマライゼーション思想も、未だ定着していない。また、援助技術や倫理も十分に育成されたとはいえない。新しい福祉理念の受容や援助技術、倫理等の育成に当たっては、日本の風土や文化、日本人の気質を勘案することは論をまたない。新しい福祉思想を定着させる一つとして、先人の事業実践の動機、福祉思想及び倫理の形成結果を明らかにして現代の参考にするのも意義あることと思われる。そこで、社会福祉事業草創期、児童救済を天命と感じ、児童中心主義思想に立って児童の保護と教育に努力した一事業家を中心に追跡してみた結果、事業思想と倫理の形成に、外来宗教と日本古来の宗教の合一による宗教的倫理と新興国家建設への熱い感情が認められた。

現代の日本は、福祉国家建設に官民あげて努力を重ねているが、社会福祉事業をめぐる経営上及び人権侵害上の問題は跡を絶たない。弱者を否定し、あるいは惰民視するが如き、社会福祉事業家と従事者の不祥事[1]もその一つである。

これらの社会問題は、社会福祉事業家・従事者の人格・倫理面に欠陥があること、援助技術面に科学的・専門的要素が欠けていることを示している。しかるに、社会福祉事業の黎明期、孤児救済を天命と感じ、生涯にわたり自己犠牲を厭わず、児童保護の初志を貫いた人たちがいた。その多くは仏教、キリスト教等の信仰厚い人々であった[2]。石井十次（一八六五〜一九一四）[3]、留岡幸助（一八六四〜一九三四）[4]、佐竹音次郎（一八六四〜一九四〇）等がそれである。

彼等は、児童保護事業に関し、科学的、専門的には未分化であったかもしれないが、人格的、倫理的要素を十二分に持っていた人たちである。未だ、人権思想が未熟な時代に、これらの人たちの社会福祉事業に賭けた情熱が何処から生まれ、熟していったのかを掘り下げ、現代の社会福祉事業の欠陥を補う一助にしたいと思う。彼等の児童福祉思想形成には、多分に日本的な宗教意識、それにもとづく倫理、新興国家への忠誠意識が作用したように思われるのである。

本稿では一例を佐竹音次郎にとってみたい。彼は、教師の経験から貧児教育事業を興すことを目論んだ。貧児の学校設立資金を得るため、医師となり、開業二年目にして目前の貧窮母子の救済を決意する。キリスト教受洗後、神の恩寵への報恩として、孤児救済事業に専心することとし、医業を廃した。彼の児童福祉思想は、貧児に対する憐憫の保護から、児童中心主義の保護と教育へと変化していった。それに加えて、現代の地域福祉思想の萌芽と評価される福祉的発想をもっていたことは、長く記憶されてよいだろうと思う。児童保護は関西の石井十次か、関東の佐竹か、といわれた二人の孤児救済にかける思想と情熱には後人の追随を許さぬものがあった。佐竹は、自身の事蹟を書き残すことはなかった。彼が唯一残した「日誌」(5)を手がかりに、明治期児童保護事業の発達に及ぼした一事業家の人格、児童観、宗教観と倫理の形成過程とその今日的意義を明らかにし、ますます増大する社会福祉事業の発展への参考に供したい。

1、佐竹音次郎の生涯と業績

佐竹音次郎は、一八六四年五月十日（元治元年）土佐国幡多郡下田村に出生した。生家は農業、四男であったことから、当時の慣行で員数外の子として圧殺される運命にあったが、母が厄年で厄よけのため助かったと伝えられている。養子（七～十三歳）となり佐竹姓を名のる。一八八三年（二十歳）、教員検定試験に合格、正教員となる。一八八四年（二十一歳）結婚、一子をもうける。向学心――軍人を志向したようである――から離婚、上京したが、年齢超過のため入学を許可されず、郷党の世話で東京府下巣鴨尋常小学校校長となる。この学校は、文部省令「小学簡易要領」にもとづく家計貧困児のためのものであった。佐竹は、貧児教育こそ自分の使命と感じ、私立小学校を企図、資金づくりのため医師を志す。一八九〇年（二六歳）、職を辞し済生学舎に入学、一八九三年（二十九歳）、卒業と同時に山梨県立病院に就職する。この頃の日本は、富国強兵、殖産興業の陰に家族崩壊が進行し、多数の孤児が巷を徘徊していた。一八九四年七月鎌倉腰越で開業、孤児救済の動機をもって一八九六年七月二十日医院内に社会施設「小児保育院」を開設した。彼は、貧児教育から乳児期保育へと方向転換したが、これは自身の乳幼児期体験が不遇児に対し憐憫を生み、彼等の親となって育てる意義を悟ったためと思われる。

当時、孤児院を開設した社会事業家の多くは孤児院の名称を用いていた。また、年齢も五～六歳からが一般的であった。乳幼児はいったん里親に預けられ、そこから施設に引き取られるのが慣例であった。

佐竹は、孤児院の名称を用いなかった。彼は、自分が子の親に代って養護する以上、子はもはや孤児ではない、との思いから孤児院の名称を用いなかったのだ。医師であったこともあって、新生児の保育から始めたが、事情によっては未婚の母や遺された孤独な老人をも引き取り、家族の分離をしなかった。

開設当初は定員三〇名、事業費は初志の通り全て医療の収入で賄う方針をたてた。開設の翌年、事業費増収の必要から医院分院を建て、昼夜診療に当たった。したがって、保育は妻くまが分担、彼は実子と孤児を区別することを許さなかった。

一九〇一年、津田仙（一八七三～一九〇八・青山学院設立者）から求道への指導を受ける。その感化によって、翌年受洗、これより小児保育院の日課にキリスト教行事がはいることとなる。

この頃、女囚携帯乳幼児の分離哺育がはじまり、小児保育院にこの事業が委嘱されることとなった。こうしたこともあり、定員超過のためたちまち経営は苦境に落ち入った。周辺より児童を使役——行商、興行——して収入をあげるようすすめられたが、佐竹は児童の利用はすべきではないと固辞している。一九〇五年三月、水痘、百日咳など流行病が蔓延、実子を含め四子を失う。この事件により、医院に併設した保育園では健康管理が不十分と悟った佐竹は、医院と保育園の分離を緊急の問題と考えた。この年八月、佐竹は、保育事業に献身する誓を立て、医業を断念、医師であった義姉沖本幸に医業を委譲して保育事業に専念することを決意する。そして、鎌倉大町に新園舎を建て、名称も鎌倉保育園と改称、定員を40名とした。この費用は、近衛文麿、曾根荒助（当時の大蔵大臣）等の発案による寄附や慈善書画会――著名芸術家等の揮毫になる書画――の収益によって賄われた。また、佐竹は、コンデンスミルクの空罐を利用して小銭の募金を始めている。この頃の社会事業家は、事業費を慈善家の寄附に仰ぐのが普通であった。医業の収入で自営するとの初志を守り通してきた佐竹であったが、収容児童の増加と保育舎の分離問題に直面して、ついに、初志を捨て夫婦ともども資金集めに東奔西走することとなった。

夢や幻視によって神から啓示[6]を再三受けたのもこの頃である。一九一〇年、妻くまが心労から姿を隠す事件が発生した。これに刺激されてか十三歳から十六歳の成長した女児五名が佐竹の日頃の犠牲愛に感動し、髪を断って彼に献身を誓うようになった。これが端緒となって、年長児の社会自立のための錬成道場――乳幼児の養育者養成――が構想されるようになったと思われる。この発想にはまた、石井十次の年長児に対する社会的自立の実践（宮崎県茶臼原開墾事業）があったと推測される。

一九一一年（明治四十四年）内務省主催の育児事業経営者協議会がもたれた。この時、専門事業家として出席した佐竹は、石井十次の国家的養護論に反対して独自の地域的養護論を発言している。これまでの慈善事業が社会事業と呼ばれる時代にさしかかっていたが、依然として窮民を惰民視する風潮が官民ともに残っていた。感化院が軌道にのりはじめ、内務省がようやく民間救済事業に国庫補助（一九〇九年）をはじめた時代であった。

こうした時代風潮を背景にして、石井は、孤児救済を国家事業として行うべきだと主張したのに対し、佐竹は小規模な施設を地域に、一般家庭を孤児のために開放することが孤児をなくす方策であると主張した。石井、佐竹の主張の相違は、その後の彼等の事業推進にあらわれている。石井の施設はいよいよ大規模化し、佐竹のそれは小規模を保ちながら各地に分散していく。一九一三年四月、年長児の社会的自立と現地窮児救済を目的に旅順支部を、八月京城支部を設立し保育事業を開始した。また本園において、勤労家庭児童の昼間保育を始める。一九一五年十二月、台北支部を設立。一九二〇年一月、財団法人の認可を機に鎌倉保育園に改称する。一九三三年八月、救護法成立により救護施設に認可され、同年十二月、児童虐待防止法により保護児収容施設に認可される。一九三五年四月、台北支部に母子寮を設立する。一九三八年九月、北京支部を設立する。彼の施設経営の経済的苦悩は、人生の終盤に至って幾分軽減されたものの、一九四〇年に至ってもなお、総経費の七三％は彼等夫妻と、成長し事業を継承したかつての児童の双肩にかかっていた。経済的苦悩はまた、成長した孤児たちの社会自立への苦悩でもあった。彼の児童福祉への信念は、後継者に承認されて今日まで引き継がれている。一九四〇年八月十六日永眠。在生中の入所実人員五五七一名、通園保育児五五八二名であった。

2、児童福祉思想形成の過程

(1) 無告の子供への愛情

一九三二年、国の主催による全国育児事業協議会が開催された。救護法(一九二九年公布、一九三二年実施)の実施対策にともなう協議題の他に、育児院の充実強化に関する議題が主であった。当時の社会状況は極めて憂慮すべき事態にあった。私設社会事業団体は一一七〇(一九三〇年)を数えていたが、経済界不況のために夥しい財政難に苦しみ事業休止または廃園するものが五六あった。一方、子殺し、人身売買、人攫い、幼年工虐待が頻発していた。したがって、私設育児事業家は、児童保護を緊要な課題とし、育児施設に母子ホームの附設設置と施設経費国庫全額負担を要望していたのである。この時の協議委員の決議事項は多義にわたるが、育児院の組織・教育に関する事項中に、佐竹の信念と労苦の方向が適正であったことが証明される一項があった。それは、「育児院は全く一つの家族的団体にして麗しき親子関係に依って児童の教養を行い」「従事者は常に人格の向上に務め、精神的教育の完成を期すべきこと」、「従来育児院の衰微の傾向を示したる所以は社会との接触円滑ならざりしが為なりしにより、或いは幼稚園を附設し、一般幼児を入園せしめ、又学齢児童は普通小学校に通学せしむる等社会との接触を多からせしむること」、「育児院の真価は素より内容の充実発達にあるも、成可く育児院等の名称を改め、社会及収容児童の感解を円滑ならしむること」、「収容児童数を濫りに増加せず設備に相応じたる児童の人員に限り充分の家庭教養を期すること」等である。

佐竹が貧児に対する憐憫の情から小児保育院を開設して以来、この時までに三十五年の時間が経過していた。小児保育院開設当初の佐竹には、孤児救済について、直感的ひらめきは有っても何等の方策も、ましてや成算もなかったように思われる。やむにやまれぬ無告の子供への愛情が、直情的に彼をして救済に向わせたと思われる。彼にもまた、明治の青年が懐いた新興国家建設の一員としての気概が溢れていたことは間違いない。離婚し、一子を捨てても向学心から上京したぐらいである。彼は、その夢が学齢超過の為挫折した時、郷党の推薦もあって、育児学校の学校長に就任、これが端緒となって、社会事業に覚醒せられることとなった。

（2）佐竹の性格と児童観

彼は、小児の医療を開始するや、簡易小学校設立を止め、孤児救済にのめり込んでいく。貧児救済の動機は小学校長時代、意識・感情面において既に熟していたと考えられるが、小児保育院の設立は、緻密な計算にもとづくものでは決してない。

佐竹は、純心、旺盛な正義感、鋭い感性と激しい情念を持った人のように思われる。そしてなによりも強固な信仰心と熱情にもとづく実践の人であった。そのことは、次のことで証明されよう。彼は、孤児に家庭的愛情を注ぐことを生涯止めなかった。実子と孤児を決して差別しなかった。保育を担当する妻に対しても園母の役割を厳しく要求し、厳しい訓練をしている。事業経費は一切医療収入でまかない、児童の増加には分院を開設し、夜間の隔日診療で増収をはかった。これらは彼が、人に頭を下げることを激しく嫌う性分も手伝っている。しかも、彼は生来病弱であり、過労からしばしば肋膜炎を発症した。以上のことからもわかるように、彼の孤児救済にかける思想は、情熱が先行し、必ずしも十分成熟したものではなかったと思われる。この時期、国民の過半は生活窮乏の状態にあった。恤救規則は既に公布（一八七八年）されていたが、救済対象範囲も限定され、しかも、地域・血縁共同体での救済か慈善意識にもとづく救済が普通であり、惰民観が根をおろしていた。貧児・孤児の発生が、社会的矛盾にもとづくとの発想は未だ一般には欠けていた。佐竹の救済事業も、社会的矛盾の結果としての貧児・孤児の救済を意図したのではなく、親を失った、あるいは教育を受けられない哀れな環境に喘ぐ児童に対する憐憫の情と、純心、純粋な性格を動機として発したものであろう。しかし、彼は、育児に関しては、少年期から子供好きであったこと、小学校助手、正教員の経験を有していたこと、小児科医になったことなどから、当時としては新知識の持主であったことが十分に推察できる。

彼の児童観は、三つ児の魂を培うことが大切なこと、身体機能が順調に発達するならば人格が円満、素直に伸びること、幼児期の取扱いの適不適が将来の成長に大きな影響を及ぼすから保育技術が大切なことからなっていた。また、本当の親になってやれば、孤児は一名も存在しなくなること、そのためには、各家庭を開放すること、小規模な家庭的施設を地域社会につくること、夫婦子供中心の家庭を築き、実子と孤児を全く差別しないこと、孤児院の名称を用いないこと、母子分離をしないことなどからなり、憐憫感だけではなく、児童は保護されるべきとの児童権利思想を有していたと思われる。

（3）佐竹とキリスト教

佐竹は、以上のことを根拠にして、孤児救済を実践したのである。このことからみても、佐竹の実践は、無謀との評価は下せないが、しかし予測される困難は持前の熱情的な性格が見えにくくさせていたことであろう。事業にかかる精神的身体的負担は言語に絶するものがあったであろうと思われる。破綻は眼に見えていたと言っても過言ではない。果せるかな、医師であってもなお、医院と保育院の併設という環境条件と、予防接種の実用化が完成していなかった当時にあっては、百日咳、麻疹、流行性感冒などの流行性疾患は避けられず、児童の犠牲を食い止めることはできなかった。それどころか、医院の患者は増え、開設四年後、疲労も重なって佐竹は重患に落ちいるのである。児童に寄せる愛情、事業への熱意や見通しがあっても、私的な孤児救済事業は難事であった。

一九〇一年、彼がキリスト教に救いを求めるに至ったのも窮地に立たされていた時であった。受洗後の一九〇五年八月、患家により信頼され繁盛していた医業を廃止して保護事業に専念することを決意するに至るのである。彼は、医師の盛名を捨て、初心を貫いたのである。彼の言葉を通して、この間の事情を追ってみよう。

一九〇五年四月十三日の日記に、「天恩に感泣すること久しく、加ふるに天性小児を愛するの故に、我が子と等しく他人の小児を愛育致し度き志望を以て、小児保育院なるものを設けしより茲に十年」「一は以て聊か世の欠陥を補ひ、一は以て所謂三歳児根性なるものを正しく導き育てたき微意」「尚此の外、世に不遇なる婦人、即ち離婚せられたるもの、寡婦、若しくは過って妊めるものの如き、弱者に同情して、聊か彼等の友たらんことを志し」「医業と保育事業との補助者及び実子三人とを合せて正に三六人、これ実に我等が団欒の一家族」「仁人の同情に励まされ、如何なる時にも毫も労苦の身にあるを覚え申さず」と、医業を断ち保育院に専念する趣意書に起業の動機を直截簡明に書き記している。

これにみる如く、彼の児童保護の動機も、最初の使命感から天恩に対する報恩（キリストの天恩には、やがて明治天皇の慈愛が含まれるようになって、キリスト＝天皇の一体化がなされていったと思われる）へと変遷していったことが明らかである。「世の欠陥の補い」の意識も、彼の場合は「世の欠陥」が、ようやく台頭しつつある資本主義社会のもつ矛盾の結果とか、弱者救済政策に消極的な政府批判からでたものではなく、また、貧困が個人の怠惰によるとの差別観からでたものでもない。欠陥の「補い」も新国家建設は国民の義務、使命との心得、あるいは気概からでたものと思われるのである。なによりも、児童に対する愛情が、変わりなく溢れていることがわかる。

青年期、社会事業に覚醒した佐竹の、新興国家建設と社会の欠陥を補うための救済事業に寄せる情熱が、純心、正義感に厚い、熱情的性格と結実して救済事業に向かわせたが、流行性疾患により、児童を死なせた自責及び重患による自身の健康と事業経営の挫折が、キリスト教と出会うことにより、彼を児童保護へと一層傾斜させていった。

彼が医業を廃し孤児救済事業に専念したり、孤児を実子と差別しない家庭的養護を選んだのは、如何なる思想、信条によるのであろうか。これらに間引きや養子体験など乳幼児期、少年期の伝聞や生活経験が原因してはいないだろうか。土佐人である彼も、間違いなく儒教や仏教によって教育され感化されてきたに違いない。彼の思想や倫理は、こうした環境によって培われたであろうが、差別なき家庭的養護の動機は、上記の性格に加えて、開明的であっただけに、博愛主義思想に傾倒、強固な信仰心の持主であったこともあって、それに乳幼児体験に伴う感情、思念が意識的無意識的に作用して形成されたと思われる。

このように、差別なき家庭的養護は、彼の幼児期からの生活体験及び宗教的道徳的な体験と、キリスト教の愛とその倫理とによって、思想的倫理的基盤を与えられ、一層強化されていったと推測されるのである。佐竹の行動選択は、彼の純心、正義感の厚い、熱情的性格が思想、信条よりも常に先行していたように思われる。

3、家庭主義と児童中心主義(7)

一九〇八年（明治四一年）の日記に、事業報告の形式によって、以下のように書き記されている。「本園は人の霊性を発達せしめて、天恩に応へしめんが為に、其心身を安養錬磨する所であります。此故に其目的に協える小児を主とし、傍ら婦人及老人をも収容し、且つ来って園に同化せんとするものは何人も収めて、園の家族とするものであります。但し園の家族は血縁と戸籍面とに関係せず、専ら精神上親子・兄弟・姉妹たるものであります。」「我等園父母は己れの生める子と等しく、他の子をも愛育することを以て人生の最善なること（少くとも我等に取りて最善なること）と痛切に之を感じ、一切を棄てこの一事を成就せんと決心し、其決心を実行して、其実行が本園の性質となり、遂に十ヶ年」経過したこと、その結果、園児通有の性質として、

「第一　克己自制の力に富み忍耐強き事。

第二　寡欲にして正直なる事。

第三　愛他の念強く友情に富みたること。

第四　寛容にして偏頗心なきこと。

第五　謙遜にして和ぎ親み易きこと。」を発見し、「是れ、神の聖旨、不朽の業なり、無

限の力なり、而して我等は遺憾なく此事に用ひられつつありと感じ、遂に容易ならぬ天来の使命を信ずるに至ったのであります。」と、児童養護の正しかったことを神に感謝している。十年以上の悪戦苦闘の末に得たこの成果を、聖旨の顕現、霊光によると確信を強める。「本園の事業は人の働きを足場として、御神自身の御働きにて天国（又の名は極楽）が此地上に築き上げられん事を期するのであります。それ故私共は足場が本建築の妨とならぬ様にのみ勉めて居ります。（私共は足場人足であります。）これは空想とは違ひます。園児通有の性質は即神の本建築の現れであります。」佐竹は、神の僕に徹しつづけ自らを足場人足と名乗る。あくまでも神の前に謙虚である。そして書き続ける。「されば子供を育つるは私共ではなく、私共は只御化育を戴く用意をするのであります。」

以上の成果は、「我等園父母は己の生める子と等しく、一切を棄てこの一事を成就せんと決心し、其決心を実行して、其実行が本園の性質」となったことによって、事業の目的、内容、教育指針、前途の運命を確信する事ができた。そして、無上の栄光を感じている。

彼は家族主義を徹底して貫いている。「本園の家族は血縁と戸籍面とに関係なきものなれば、各人皆園の世継ぎであります。多くの兄弟姉妹と等しく世継ぎとなることを得るのであります。又終始一人も雇人の無きことも、皆己れの子と他の子との区別を根底から無くする為の自然の結果であります。故に本園の事業は、自ら没人的事務的に行はれずして、純然たる家庭の生活に外ならぬ訳で、規則書などといふものは一ヶ条もありませぬ。皆習慣を作つて家風として居ります。目下六四人の一家族で、名実共に水交らずの姿でありま す」。家父長制度が支配するこの時代にあって、家族平等の思想が実行にうつされていたことは、彼等夫婦がいかにキリスト教に深く傾倒していたかをうかがい知ることができる。このことは、一九一〇年の日誌に如実に示される。

「子供の自治体　吾園は園児の自治体である。此事は年一年と明確になって来た。園父と園児とは最も能く同化して居る。園児は実に園夫の片腕である。寧ろ半身である。一体である。園内に何か相談などある時は、園父は必ず之を園児に謀り、其意見を聞き同意を求めて居る。園児は実に我園の中心である。主働者である」

この徹底した児童中心主義ともいうべき発想は、直接的にはペスタロッチ、ルソー等の思想に負うていると思われるが、彼がキリストに自己を同一視した結果と考えられぬこともない。勿論、無意識的にである。前文に続けて、「これは一面には園父の無能を表白して居る様であるが、亦他面には愛の御神の栄光を顕はして居るかと思ふ。創業以来十五年間、園夫は只だ自己の生みの子と他より収容したる児等との間に毛頭も区別もせず、徹頭徹尾同一に扱ひ同一の感情を以て育て往かんと、殆どそれに全力を注いで居る。子供等も亦能く父の心を心として、聊も別け隔て無きは争ふ余地のない事実である。之が即ち園の事業の主力となって居る。園児は我園の主動者である訳柄である。されば、園父は何処までも園児を頼みとして、此事業を遂行せんと企て居る。幸に此企は成功しつつある」。彼はキリスト教の愛の実践者として、徹頭徹尾差別なき養育を心懸ける。

佐竹は、しばしば「同化」という言葉を使用する。彼の場合、「同化は我園の真目的、亦我園の生命、我園の光なり。同化なき所には愛あることなく、愛なき所には神在さず、愛の神は凡てを一つになし給ふ神、即ち同化の神である。而して同化は犠牲によりてのみ得られ、犠牲は聖き戦の謂なり」と記したように、キリストの愛と正義のために、自己犠牲を厭わない人格に、感化によって近づくことと解してよいと思う。この感化をもたらす主体が、キリスト＝佐竹の愛の実践の無言の行為にあったことは言うまでもない。佐竹は児童を決して束縛せず、放埒にならぬよう注意しながら協同と自由を大切にした。

これは、ある意味で危険を伴う、悲愴な実践ではなかっただろうか。何故なら、幼児期から儒教道徳を身につけた彼にとって、子供を主体とする家庭生活や躾け方は、全く経験のない実践であっただろう。彼は愛に溢れ、争いのない神の国を理想した。その為に神の国を創る協同者である妻に対し、子供等に寛容でないといって打ち据え、彼の思惑に従わせようとしたのである。この行動は、まさに非キリスト的である。彼が無意識的に思い描くキリストの栄光が彼を阿修羅にも駆り立てたのであろう。そこには妻の心情を一顧だにしないほど無慈悲な夫であり、このことに関して何の悔悟もしない愛の実践者であった。理想実現の前には、キリストの愛も必要ないかのようであった。彼が妻を打ち据えたときに悔悟したのは、妻を寛容な保育者に教育できなかったことであった。

「素より愛と義とを以て戦ったことは申すまでもないが……」と自己弁護的に書き、「子女の目には愛と義と持病の疝気とより外に何物をも持たぬ父である」と見ていようと謙虚に述懐しつつも「父の未完成を完成して子々孫々相共に之——自己犠牲の実践——を遂行せようとして居る」「子女は皆克く園父と同化し、園父と園児とは殆んど異体同心である」と、養護の目的が達せられつつあることを、自信に満ちて書いている。

佐竹をここまで駆り立てたキリスト教の感化力は、謀り知れぬほど大きい。それは、何も佐竹ばかりではない。岡山孤児院創立者の石井十次、家庭学校の創設者留岡幸助も同様であった。彼等は間違いなく儒教や仏教の影響のもとで育てられたが、恐らく彼等は、それらを捨てることなく内包し、むしろ合一しながらキリスト教に異常なほどの信仰心を持ち続け、終生変えることはなかった。多分なにごとにも真摯で、熱情的に取り組まねばすまぬ性格が、キリストの愛の実践に自身を投げ打ってまで猛進させたのかもしれぬ。そして、儒教や仏教の倫理を内包しながら、キリスト教倫理を児童保護事業の骨髄と化していった。

4、キリスト教倫理と新興国家への忠誠

一九〇二年六月、夫妻にてキリスト教（プロテスタント）に入信する。外人宣教師の紹介により津田仙から求道への指導を受けたことによる。恐らく、津田仙のキリスト教による社会改良思想の影響を強く受けたであろう。

佐竹を信仰に導いた津田仙は、農業改良をもって新興国家建設を主張する一人であった。津田は、農業改良事業の精神的基盤にキリスト教倫理を据えた。佐竹の児童福祉事業の中心に、この津田仙の思想と実践があったと想像しても間違いはあるまいと思う。

当時の開明的時代思想は、急速に取り入れられた欧化思想であったが、わけてもキリスト教にもとづく人道主義的思想は、新興日本の建設を志向するリーダー的青年には魅力的なものに映じたに相違ない。感化事業において然り、孤児救済事業また然り、はたまた監獄行政の執行において然りであった。時代の移行期にあっては、従来の儒教、仏教の倫理観にもとづく治国平天下や経世済民思想・倫理では、最早、現実的に対応が困難となっていた。若い指導者たちは、非行少年の感化や孤児の救済及び受刑者の懲治において、事業家も従事者も、単に、旧来の「仁」思想による慈恵精神で臨んでも、ましてや差別的、弾

圧的に臨んでは、何等の教育効果も得られないことを体験的に知ったのである。事業執行に際し、倫理的かつ科学的に対象者と接し、個別的に問題の原因の把握に努めなくては教育できないこと、社会改良なくして非行少年の感化と社会的自立、孤児の救済と社会的自立、また受刑者の懲治と社会復帰もあり得ないこと、そして、なによりも事業経営者自身に博愛的人道的な倫理性が要求されることを痛感していたのである。これに加えて、彼等は、日本古来の慈悲の市民的倫理――神・仏・儒の合一したもの――を無視しなかったことである。二宮尊徳の思想と実践に感化されたのも、その表れの一つであろうと思われる。

キリスト教倫理と日本古来の慈悲を中心とした市民的倫理と相結んで、新興国家建設の普遍的な市民意識へと成長させようとした彼等の指導的自覚と使命感が、天皇制と何等矛盾することなく共存しえたのはこのためであったであろう。佐竹もまた、石井十次と同様、貧困や孤児の発生が、ようやく台頭しつつあった資本主義や国家政策等にもとづく失政の結果として、あるいは貧困が怠惰など個人の問題として認識するよりも、現実に実在する避けられない社会的欠陥――個人の能力では解決の難しい問題として把握し、明治政府が推進する富国強兵・殖産興業政策を補うことが彼等に課せられた天命と自覚したようである。不在の社会政策を糾弾することなく、あくまでも国家政策の補修的、補完的な役割に徹したのである。したがって、孤児救済事業がいかに困難であろうとも、愚痴一つ言わず、他に依存せず、社会に慈善心を喚起し、独力で事業経営にあたったのである。だから、彼等の事業が天皇に認められ、御下賜金を賜った時の感激は非常なものがあった。「皇恩優渥四海に洽く、恩雨頻りに草莽に降りて……」（一九二六年十月四日）と早朝三時に筆を執るのであった。[8]

佐竹は、晩年の日誌に、吉兆の夢が天聴に達する夢をみて（一九三二年一月七日）「如斯国家の瑞祥は、即同時に吾園の瑞祥たるを覚え、再び起きて後日の為に之を記す」。また最晩年の一日（一九三六年一月七日）の説教の要点を次のように書いている。「神武天皇より万世一系の皇室の信仰は、神の心にかなった政治をなす。……神は慈悲にして、慈悲を行ふ者を助け給ふ。日本の皇室は慈悲を行ふ皇室である。詩篇に書かれてある通り、信仰のよく行はれた政治が見られる。ダビデは罪を意識し悔改めてより偉い王であった」。佐竹は、キリストと天皇とを同一視し、慈悲心において、キリスト教倫理と日本古来の倫理を同一のものととらえていることがよく理解される挿話であると思う。

以上、佐竹が救済事業の推進に際し、事業の精神的基盤にキリスト教倫理と日本古来の倫理を矛盾することなく合一させたのをみてきた。また、救済事業を天恩に対する感謝として自己犠牲を全く厭わなかった。とりわけ佐竹は、孤児等を我が子と差別することなく家庭主義、児童中心主義を貫いたこともみてきた。彼の児童福祉思想の倫理的側面の中核には、外来のキリスト教倫理と日本古来の市民的倫理の合一と、新興国家への忠誠心が色濃く認められることである。佐竹の児童福祉事業は、意識においては、「我は社会の厠掃除夫なり……我潔ければ汝等も潔しと聖書の曰ふ事を立証す……」であったが、感情においては、絶えず自戒しながらも、まさに国家的事業との自負をもっていたのである。

5、業績の今日的意義

明治初〜中期の社会福祉事業家の多くは、石井、留岡、佐竹等に代表されるように、宗教的思想・倫理を基盤に据え、日本古来の市民的倫理との合一を計りながら、先進諸国の博愛思想にもとづく児童救済事業の方法を学び取り、児童を養護し、社会改良に努めてきた。その動機は、己自身の幼児的体験や、新しい宗教思想・倫理の摂取と社会改良への意欲、熱狂しやすい情熱的性格によるなどさまざまであった。なによりも、大なり小なり、彼等をとらえて離さなかったのは、佐竹の場合、キリストの愛と日本古来の慈悲を合一し、天恩（キリスト＝天皇）への報恩と社会改良即新興国家建設への精神的貢献の心であった。未だ人権思想が未成熟な時代であったが、キリスト教思想・倫理や児童中心主義思想は、彼の感情を激しく揺さぶり、結局、児童や弱者の人権を、自己犠牲によって擁護することになったのである。現代の社会福祉事業は、外来思想であるノーマライゼーションを理想にして組み立てようとしているが、一世紀前の事業家と比較してみて、果して、社会福祉事業家・従事者がこの福祉思想・倫理を十分咀嚼し、感情、人格レベルにまで取り入れることに成功したか疑わしい。

現代社会福祉の哲学、理論、方法などは、日本の歴史・社会・政治・文化風土に合うよう改良されてはきたが、社会福祉事業家・従事者の人格性、倫理性に欠くところがあれば、その受益者である利用者には、木に竹を継いだようでニーズの充足感は得られまい。

利用者のニーズが十分満たされているためには、①利用者の日常生活が継続して地域社会で図られるよう諸種の福祉サービスが用意されていること。②直接サービスの提供者である従事者の人格性倫理性が高いこと。③援助技術の適用に際し、利用者のプライバシーや自己決定が配慮されていること。④利用者のワーカービリティが引き出されていることなどが必要である。

佐竹の時代、国の社会福祉制度は全く整備されておらず、福祉の対象者も為政者や一部の社会事業者から惰民視されていた。しかしながら、佐竹等は対象者の救済にあたって、惰眠思想を排した人間観・社会観に立って上記①〜④のうち人格性、倫理性を現代と比較できぬくらい十分に備えていたこと、また、援助技術においても、児童養護に限って言えば、当時の最新教育学、心理学、小児医学等の知識と、①児童中心主義ともいえる教育理念を持ち、児童の主体性を重視したこと、②教育にあたっては、あくまでも自然の感化力を信じながら、人格的感化の方法をとったこと、③乳幼児期の初期経験を重視したこと、④家庭主義（小舎制）を採用し、母子不分離の方策をとったこと、これらを信念を持って実践したことなどは、手探りであったとはいえ、現代の集団主義的児童養護の欠陥を補ってあまりある養護思想と方法であった。加えて、新興国家建設への精神的貢献を絶えず意識し、旺盛な意欲で社会改良に参加したことも忘れてはならない事柄の一つである。(9)

しかしながら、現代の日本社会は、福祉国家を標榜し外来のノーマライゼーション思想を基盤に据えながらの社会福祉援助を行おうとしているが、我が国の二十一世紀の高齢化社会は未曾有なものであり、外来の社会福祉援助の哲学や倫理観、援助技術の適用だけでは対応は難しいのではなかろうか。

来るべき福祉国家の実現のためには、佐竹等が意識的無意識的に抱いた無告の子らに対する援助を天恩と感じるほどの感覚、自己犠牲を厭わないで事業を遂行する情熱、児童や弱者に対する人権を擁護する厳しい倫理性、そして社会改良意識が要求されるのではなかろうか。

最新の社会福祉援助技術の運用にあたっては、不易とも、古い情念とも思える日本古来

の思想・倫理への理解に立った人間観、社会観が要求されているように思えてならない。（1994）

注

1　社会福祉事業・従事者の不祥事、倫理上の問題は最近でも、①多額の使途不明金を出して、二か月間の業務停止命令を受けたものがある。このため、老人や児童・生徒四五人が他の施設に移されることとなった（一九九四年七月、千葉県）。利用者預り金着服事件等問題の要因分析を通じて、不祥事防止と政策提言――事業に対する熱意をもった人びとの参画など――行っている（「社会福祉法人・福祉施設のより健全な運営を目指して」社会福祉法人福祉施設適正化委員会報告、全国社会福祉協議会、一九九二）。②全国の福祉関連職員の有志で組織する「公的扶助研究全国連絡会」の機関誌に、生活保護受給者を川柳であざわらった事件があった。「ケースの死笑いとばして後仕末」（一九九三年六月十五日、読売新聞）。③福祉施設入居者に対する体罰、虐待（「福祉施設における利用者の権利と施設改革」、社会福祉研究57号、一九九三年七月）など、利用者に対する人権無視、差別などの問題が指摘されている。

2　明治時代の社会福祉事業は、慈善家による社会福祉事業が相次いでなされた。多くは、キリスト教、仏教、神道など宗教関係者によっている。
明治期前半は、キリスト教関係者による事業が先行した。初めは、カトリック系、次いでプロテスタント系である。これら事業家は、福祉事業を布教の手段としつつも予防的福祉的、文化的内容を含んでいた。仏教不信と資本主義化時代の情勢認識を欠いた仏教系の事業家は、キリスト教系に刺激され一九三〇年代以降漸増した（森永松信「社会福祉と仏教」誠信書房、一九七五）。

3　石井十次（一八六五～一九一四）は、宮崎県の出身。熱烈なキリスト教徒であった。岡山医学校在学中の一八八七年、岡山孤児院を創設する。一八九三年、岡山孤児院憲法を定め「上天父の冥助を祈り下天下有志者の寄附金を受けて敢て負債をなさず」「実業的独立をなさん、否らざれば死せん、之れ吾人今日の大決心なり」を宣言する。これ以降、決心は二転三転するが、基本的には、この方針によって事業の維持拡張（一九〇五年孤児無制限収容を発表する）を図る。一九〇五年の東北大凶作には、八二四名を保護、在院児一二〇〇名に達したことがある。家庭主義の採用、乳幼児の里親委託、郷里茶臼原里親村の企画、大阪日本橋セツルメントの開設などしたが事業半ばで急逝した。石井は、儒教、キリスト教、ルソー、二宮尊徳等の思想的影響を受けた近代日本社会事業の開拓者である。（柴田善守「石井十次の生涯と思想」春秋社、一九七八）

4 留岡幸助、市川隆一郎「留岡幸助と感化事業」聖徳大学研究紀要短期大学部第25号、一九九二。

5 佐竹音次郎「日誌佐竹音次郎」鎌倉保育園、一九七六。

6 佐竹は、「日誌」にしばしば霊夢を記載している。初出は、一九〇七年一月十九日である。夢には彼の潜在意識がよく現われている。それは、日本古来の神とキリスト神との相克である。いかに鋭い感性と熱狂的な信仰心を持った、真摯な性格の持主であったかがわかる。

7 佐竹の児童中心主義（child centered education）は、ルソーの子どもを子どもとして理解する児童中心主義児童観に立つものであろうが、この他、当時は起こりつつあった新しい思潮（「児童から」）の影響も考えられる。佐竹は、この思潮の影響を受けてとは思えないが、養護にあたって「児童から」を前面に出している。彼が養護に自信がなかったとは到底思えないが、キリスト教の愛の実践を彼流に解釈してのことであったろうか、当時としては、大変興味深いことである。

8 下賜金を受けた時の石井十次は、「泣いて皇室のため両陛下のため、日本国のために祈れり」「無告の孤児をして、聖世の良民たらしむるを得ば、復以て渭滴の聖旨に副うあらん乎」「皇室のため規模の完全なる孤児院を設立し、我邦に社会事業を呼ぶの必要なきに至らしめよ。而して皇室の尊栄を増し奉れ」（一九〇五～六年頃の石井十次「日誌」）。守屋茂は、石井は日本という国民的感情に対しては人一倍の関心をもち、天皇をキリストになぞらえていたととらえている。（守屋茂「日本社会福祉思想史」同朋舎出版、一九八五）。また、留岡幸助も国家貢献意識は強固であった。（遠藤興一「留岡幸助の政治思想⑴明治学院大学論叢４１６号、一九八七）。

9 当時にあっても勿論、社会福祉事業家の中には、対象者を社会の落互者と捉え惰民視する者はいた。また、対象者を社会の困窮、災危によると考え、同情、憐憫の情から人道的、宗教的に救済しようとし、個人の生活の改善を通じて漸次社会生活の改善に向かおうとした。社会制度批判、社会変革を企図する者は少なかった。

二、留岡幸助と感化事業

はじめに

教護児童に対する現代の児童福祉は、その大半を留岡幸助（一八六四～一九三四　北海道家庭学校創設者）の感化事業実践に負うている、と言っても過言ではない。

地方改良運動をはじめ、数多くある留岡の業績のうち、彼の感化理念とその感化実践方法は、多くの賛同者によって今日まで継承されてきた。

彼の感化事業実践のもつ今日的意義は、次の二点にしぼることができる。

（一）「夫婦小舎制」による教護形態は、非行の低年齢化、家庭機能の低下が著しい現在の社会状況をみる時、もっと重視されてよい教護方法である。（二）「自然の感化力」を強調し

た留岡の全人的教護実践は、ややもすると、治療技術偏重にはしる現代において、警鐘ともなる実践と思われる

この小論は、留岡の著作等を通じ、感化事業思想の形成過程を明らかにし、かつ、現代的意義を探ろうとしたものである。

この小論は、文部科学研究費補助金（一般研究（A））の助成を受けて行っている、共同研究「児童福祉の諸問題に関する基礎調査」の一部である、「非行・問題行動の調査分析」研究の先行調査とでもいうべきものである。

少年非行は、今日、非行の一般化、女子非行の増加、低年齢化現象を呈し、大きな社会問題となっている。犯罪白書が指摘する如く、確かに、深刻で楽観を許さない状況にある。[1]非行化の要因は、多様であるが、一般には少年自身及び家庭環境に原因すると受けとめられている。[2]

特に、深化した非行の場合は、家庭機能のうち、社会化機能障害の固定化、家族の再調整力の欠如等を、専門機関や非行臨床家は指摘している。[3]

近年、少年による凶悪事犯の発生をみる一方、両親がそろい、経済的にも豊かな家庭の少年非行が増加し、初発型非行の少年と一般少年との境界が不鮮明になってきた、といわ

れている。[4]この現象は、社会環境の変動及び価値観の多様化の中で、「非行概念」の多様化を生んだ一方、家庭教育機能の低下や家族崩壊の危機が、道徳心、良心の形成を阻害している結果と推測される。例えば、深刻化を増す「いじめ」問題の場合でも、思春期の一過性の現象ととらえるもの、深刻な家庭・学校・社会病理の反映ととらえるものとさまざまである。

「非行」のとらえ方いかんによって、それへの対応や予防が規定されるのは自明である。今日、児童福祉の立場から、「非行」をどのようにとらえ、非行少年に対する教護教育及び家庭機能の回復について、どのような処遇の実践が必要かを明らかにすることは、緊要な課題と考える。

ところで、年少少年を中心とした児童福祉政策上の問題を考察する場合、家族機能、構造の変化は無視できない。教護教育の上で、家族機能の代替をどのように計るか、特に年少非行に対して重視すべきである。そこで、年少非行に対する現行教護教育に深甚な影響を及ぼした、留岡幸助の創出になる「夫婦小舎制」は、今日の如き家族機能崩壊の危機にある時、益々必要な教護方法であると考える。

留岡の実践した「夫婦小舎制」の意義について留岡の文献資料を参考に考察を加え、年少少年に対する教護教育のあり方の参考に供したいと思う。

1、感化事業の沿革

児童福祉の対象である教護児童（一般には非行少年と理解されている。不良行為をなし、またはなす虞のある児童）に対する福祉的処遇の沿革は、明治時代初期の感化教育事業（reformatory work）に求めることができる。当時の非行少年対策は、明治五年以来、刑務所の中に懲治監を設け、刑罰懲治の考え方による対策がとられていた。つまり、成人犯罪と同様、刑事政策として生まれてきたのである。いまだ、感化教育による考え方は存在しなかった。我が国における、非行少年を感化する思想は、欧米思想に倣って、明治十三年ごろからおこり、やがて感化事業を推進する者が輩出した。

この感化事業の推進者に、池上雪枝（一八二六～一八九一）、高瀬真卿（一八五三～一九二四）、留岡幸助（一八六四～一九三四）等がいた。池上は、西南戦役後、大阪天満宮付近を徘徊する不良少年を救済するため、わが国最初の感化施設（一八八三）を設立した神職、女子教育家として知られている。高瀬は、明治十五年感化協会を起こし、私立東京感化院を設立、心学にもとづく感化救済運動に取り組んだ。留岡は、同志社英学校神学科で学び、丹波教会牧師から、明治二十四年、北海道空知集治監の教誨師となった後、監獄学、感化教育研究のため単身渡米留学し、帰朝後、感化教育事業の推進、「感化法」制定運動に活躍、明治三十二年、東京巣鴨に私立感化施設「家庭学校」を創設、大正三年、分院として「北海道家庭学校」を設置、感化教育に貢献した。一生の座右の銘は「一路白頭ニ至ル」であった。

当時、不良少年は前述の如く、旧刑法による懲治処分に付されていた。したがって、依然根強く残る懲戒的色彩の処遇に対し、特に、留岡はキリスト教人格主義にもとづく「感化教育」を唱導、実践した。彼の教護教育理念は、今日に継承され、教護児童の福祉に多大な影響を及ぼし、現在に至っている。彼等の実践は、明治三十三年、感化法制定に寄与したことは周知のことである。

2、留岡幸助の感化教育観

(1) 感化教育実践の動機

留岡の感化教育観は、彼の信仰するキリスト教と無関係ではない。監獄改良及び感化事業の普遍的価値と実践の指針を聖書の中に求めたことは、よく知られている。彼は、イザヤ書の「浮囚を獄よりいだし、暗にすめる者を檻のうちより出さしめん」より、犯罪者必ずしも改良し能はざるものにあらず、と確信を抱いていた。キリスト者である彼にとっては、監獄改良及び感化事業に従事することは、神の奨めによると考えたとみるべきであろう。[5]

彼は、後年、著作「犯罪の原因及び其防遏《ぼうあつ》」（一九一八）の中で、彼の犯罪に対する観念の生成を以下のように述べている。

十九世紀末の学界、宗教界、一般の犯罪者観は、ロンブロゾーの先天説に立ち、犯罪者は先天的原因によるので改良の余地がない、と考えられていた。この頃、キリスト教徒の中に、聖書を以って犯罪に対する思想上の態度を決めた団体がいたこと、その団体では、「如何なる大罪人も神を信ずることに依って其罪より清められ、仮令罪は血の如く赤くあっても雪の如く白くなり得る」との聖語が其侭信じられていた。留岡は、この一団の活動に触発されながら、「犯罪は一種の病気であると考え、医学の進歩によって如何なる病気も治るものとすれば、犯罪とて治らぬ道理がない」との確信が芽生え、監獄改良運動の動機になったと述べている。

したがって、当時の留岡の非行観は、キリスト教にもとづく観念的なものであったが、空地集治監教誨活動および「家庭学校」感化教育活動を通じ、犯罪者の心理・社会的調査を行う中で、やがて科学的実践的確信「教育可能である」へと育っていったことがうかがえる。

彼は、感化教育実践を克明に記録にとどめているが、それによると彼の感化教育観は、現代心理学上の理論に比肩するものであることがうかがえ、興味深いものがある。

(2) 留岡の非行観

留岡は、空知集治監教誨師時代(一八九一～一八九四)、わが国はじめての社会学的調査と評価される調査を行っている。彼は、教化資料として囚人の身上調査をした。当時の刑法で有期徒刑十一年から終身刑の者二〇〇〇人のうち三〇〇人を選んで、犯罪の原因、先祖、家庭、交友、環境、教育、職業等を調べた結果、「同監の犯罪者が百中七八十は彼らが十四、五歳未満で不良少年であった[6]」ことを知り得たことは「大なる学問であった」と述懐、彼等が悪いに相違ないが、「悪くなるような遺伝と環境に置かれたのは甚だ気の毒である」と、彼の犯罪者観を述べている。

当時の犯罪者観は、留岡の著述からこれを引用すると、「シーザル・ロンブロゾーの如きは犯罪者の多くは先天的に其罪悪を発生せしものなれば到底其改悛は望み得べきものにあらざる如く述べしことあり、彼はこの種の犯罪者を名づけて生来の犯罪者と云へり、而して彼及彼に属する学派は人の自由意志を拒絶するなり、故に犯罪者の改悛は彼等に望なきが如しと主張すれども之大なる謬見なり」といい、「余輩の実験によれば如何なる罪因と雖も適切の方法を以て処遇するに於ては、何人も能く改悛を表わし正統なる人間の仲間入を為すことを得べしと信ずるにあり」[7]。

明治三十年頃、犯罪に対する学会、一般の風潮は、「犯罪人は特別なる人類にして到底我儕《ともがら》人類と同一のものにあらざればその改良の如きも頗る覚束なきものの如く」[8]に思われていたことが知られている。

現代においても、犯罪者の生来説を信ずる者無しとしない現状から考えても、無理もない説であったと推測される。

留岡は、彼の創設になる「家庭学校」の実践結果を根拠にして、次のように非行少年をとらえている。「家庭学校」(一九〇一年)に「世多くは不良少年を改善するの難きを嘆息する者ありと雖、是れ畢竟局外者の皮相観察のみ。不良少年の多くは悪むべきものにあらずして寧ろ憐れむべきものなり、彼等の多くは幼にして父母を失い、四方に流浪し、仮令父母ありと雖、其家庭紊乱して秩序なく、実に罪悪の練習所と異ならず」「抑も亦境遇の不良なるが為なり。是を以て彼等の境遇を一転し、善良なる家庭に成長せしむることを計るは、今日の急要問題に非ずや」と、非行化の原因の多くを社会的環境的原因に依ると考え、感化教育の必要を強調した。しかし、彼とても犯罪の先天説、遺伝説を全く否定しているわけではない。当時の日本の刑法学者は、ロンブロゾーの犯罪先天説に立ち、決して救う術なしとの説に留岡は敢然と異を唱え、重罪人の原因研究から、青少年期の感化教育が十分でなく、このために習慣犯罪者へと悪化したととらえ、感化教育と監獄改良に着手する必要を力説しながらも、非行化の原因をつぎの三つに分類、犯罪の遺伝説を容認している。彼の感化教育実践の著「家庭学校」に於て、

一　先天的遺伝に依るもの（即ち父母の性癖を継承したるもの）

二　後天的に境遇の不良なりしに依るもの（即ち家庭、近隣、町村の不健全なる空気の裡に生育したるもの）

三　教育の方法を誤りたるもの（即ち家庭若しくは学校に於て適宜の教育を与へられざりしもの）

この三大原因のうち、第一の原因は極めて少数であること、多くは第二、第三の境遇の不正及教育の錯誤にありと考え、不良少年の感化は、其の境遇を善良にし、適当なる教育方法に依りて、之を啓発する外良方法なしと断じ、境遇の転換、天然の教育、家庭的生活、実物教育を中心とした感化方法を提唱、「家庭にして学校、学校にして家庭たるべき境遇に於て教育するに如かず」(9) と考え、同一の場所に家庭及び学校の共存するものを設けて、非行少年を教育しようとした。「家庭学校」名称の由来でもある。

留岡は、時代の思想（犯罪生来説、懲罰主義に立脚した処遇観）に抗して、臨床実践と文献研

究を通じて、犯罪、非行の原因論及び、感化教育論を展開した。当時としては、キリスト教及び人道主義にもとづく画期的な非行論、感化教育論というべきであろう。留岡は、教誨師時代、「罪因果して感化し能はざる乎」（一八九二年）を著し、自らに問い、「吾人が確信を約言すれば、如何なる罪囚も改良し得可く感化し能ふべし……これ吾人が立脚の大盤石なり……」と凶悪無頼の罪囚も、適当なる感化方法あれば誘導感化し得ると信じていた。悲愴とも云えるほどのキリスト教精神に立脚していた感すらある。「家庭学校」の実践によって、この感情、観念も現実味を帯び、実証主義にもとづく非行観へと変貌をとげている。そして、先述した如く、「家庭学校」の実践を通じて、非行化の三大原因説を唱えるに到ったのである。しかしながら、同時に、彼は「家庭学校」における臨床経験を通じて、感化教育の困難を述懐するに至る。「血肉の父母も撫育し能はず、警察官吏も監督し能はざる不良少年を感化し教育せんと欲するものなれば、其の至難また知るべきなり」[10]。彼の苦悩が了解できる。

彼は、不良少年と接し、「温然たる愛情」と「鍛練せる教育法」に依る以外に、感化事業を遂行できないと、キリスト教と人道主義に立脚した感化教育を主唱しながらも、不良少年は「一家団欒たる家庭に於ける一種の『バチルス』」と比喩し、「之が為に骨肉苦しみ、家庭紊乱する」「速やかに其家族より家庭学校の如き場所に送りて不良子弟の『バチルス』

表1　不良少年の分類1

- 不良少年
  - 早熟
    - (い) 十二三歳にして男女の情あるもの
    - (ろ) 十四五歳にして詐欺騙取に巧みなる者
    - (は) 十四五歳にして腕力丁年者を凌駕する者等の如し
  - 未熟
    - 一見瘋癲白痴者の如き者

出典:「家庭学校」(明治34年)

を撲滅する」[11]よう努める可しといい、家庭学校を一種の病院、避病院にたとえている。彼は、不良少年、貧児及び孤児は都会を乱す有害物、この有害分子を都会に残留せしむるは、甚だ危険だともいい、感化教育の困難なことを強調して、「温然たる愛情」と「鍛練せる教育法」を実践できる教育者の養成を希求している。

留岡は、感化教育実践を通じて、非行少年の性癖を実によく観察し、非行少年を言語動作により表1、表2のように分類したことは注目したい。一つは言語動作の発達面(表1)より、一つは精神神経面(表2)よりの分類である。

前述したように、留岡の臨床観察眼はすこぶる鋭く、その行動面からの類型化は興味深い。当時の定説をよく引用し、自己の体験と照合しながら実証に努めている。

留岡の非行観は、明治三十年代から昭和九年に至るまで、非行の主原因を環境に見つめ、終始変わることなく、キリ

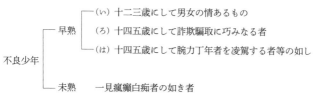

表2　不良少年の分類2

分類	種	神経	監督	説明
不良少年	第一種	神経過敏	(監督し能わざる者)	器物を破壊し、長者を罵詈讒謗し、又は金銭を窃取する等の如し
	第二種	神経普通	(監督し得る者)	不良の行為ありと雖普通少年と大差なき者、但し特別に注意せざるべき時は恐るべき行為を将来に現はすべき者
	第三種	神経魯鈍	(監督の用なき者)	常に監督注意せずと雖甚だしき暴為乱行をなさざる者。所謂白痴者に近き者

出典：「家庭学校」(明治34年)

スト教的人道主義を基調とした「感化教育」を実践した。彼の感化教育論は、非行の原因論に立脚して展開されたことは言うまでもない。そして、その範を、留学時代に師事したアメリカ、エルマイラ感化監獄のブロックウエー、イギリス監獄学者モリソンの著作「少年犯罪者」、ドイツ、ラウヘス・ハウス感化院長ウイッヘルンの実践、フランス、メットライ感化院長デ・メッツ及び、ペスタロッチ、ルソー、二宮尊徳、福沢諭吉等の思想、実践に負うていることはよく知られている。

留岡の非行観、処遇観は、彼の実践活動、実施調査、文献調査によるほか、出獄人保護の統計をも活用しながら、良環境と良教師をもってすれば、犯罪者を改良することも可能だと所論を述べるなど、科学的実証主義にも

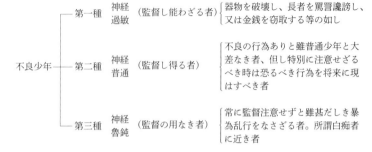

とづいて形成されている。

(3) 感化教育の方法

留岡は、非行化の原因の多くは、社会的環境的原因に依る、とし、遺伝的原因は極めて少ないと考えた。したがって、彼の感化教育の方法は、感化院創設当時、四本の柱を立て感化教育の骨子とした。第一、基本学力の付与。第二、農業を主とする労作。第三、保健体育。第四、宗教による霊性教育。これを、明治三十二年東京巣鴨の一角、人里離れた自然に恵まれた環境の中で始めた。十三年間の実践の後、この体験を基に感化教育の内容と方法をつくりあげていったのである。

① 環境の転換

留岡は、先ず少年が育った個人的社会的に不幸な生育環境を転換することを考えた。不幸、不良なる家庭に成長した彼等を、「道徳的分子多く、而も愛情温かなる家庭に移し」悪い養育環境からの分離を図った。つまり、普通児童と異なる環境に置き、普通教育と異なる方法で教育する必要を説いている。これはまた、家庭、学校に於て教育すると、近隣の子弟、同級の生徒に悪感化を及ぼし、非行の蔓延をくいとめることが難しいと考えたからだ。そして、転換すべき環境を、欧米各国の感化教育を例にとり、「水清く山緑なる閑静の地」を選ぶことを主張した。彼の範としたのは、ドイツ、ラウヘス・ハウス感化院である。同院の創設者ウイッヘルンは、少年を新鮮、健全なる環境に移し、キリスト教主義により、従順、親切、勤勉、正直な少年に教育することを目指した。また、留岡はペスタロッチ等の所説に傾倒、信仰と愛情、道徳心の横溢する環境が、人の精神を変化させると考え、刑罰的方法を改め、感化的方法を採用した欧米先進国の思想に共鳴している。

②自然の感化と労作

ついでに留岡が考えた方法は、天然の感化力多き場所を選ぶ必要を強調した。彼の言によれば、親兄弟、友人近隣が「いらい損うた結果不良化したのであるから」「人間が悪くしたる人間（即ち不良少年）は人間の力のみを以て之を感化すること難しく、天然の感化力に待つ所多し」[12]とし、もはや、人間の力のみで少年を善良なるものと為すことは難しいと考え、フランス、メットライ感化院長、デ・メッツの感化主義「人は地を開き、地は人を開く」を採用、「甍を並べたる市街地よりも山水明媚なる地に」感化院設置の必要を述べている。

また、都会は人類の墳墓、空気悪しき環境で活力のない小児の回復に野外生活が適していると考えたルソー等の教育論にも負うている。この水清く山緑なる自然環境において、師弟同行による農耕牧畜、家禽の飼育の労作、体育、工芸教育の大切なることを強調している。また、非行少年の怠惰な性格に注目、労作による実物教育は、労作を愛好する習慣と、精神身体の活発化、生活の条件を得る勤労能力の育成により、怠惰な性格をあらためる最も良い方法だという。このように、留岡の感化教育の特徴は、理念的には欧米の感化院に学び、後記する三能主義のように、方法に於て感化実践より得た独自の発明たる「天然の教育方法」に依っている。

③家庭的生活

留岡の感化教育の真骨頂は次の点にある。非行の原因が悪しき家庭にありと考えた当然の帰結として、留岡は、少年を普良な市民に改善するには、愛情溢れる家庭的雰囲気の中に於て教育すべきと考え、家庭即学校、学校即家庭である「家庭学校」を創設した。家庭生活の中心は、家庭を指揮監督する主婦（現在の教母に相当する）と位置づけ、少年の母に代わって教導撫育する、温然たる慈愛の情をもって道徳心を涵養する、この上にたって真正の教育を施すべきだという。母ありと雖愛なくば家庭であり得ない。家庭は人物を陶冶する坩堝と書きつづける。ペスタロッチの、人類教育の新基礎は美わしき家庭なりの思想を引用しながら、少年を改善するために、家庭的愛情が必要条件だといい、また、ウイッヘルンの神の教えと家庭的生活の実践に啓発され、彼の創出になる教員夫婦による家庭制度「夫婦小舎制」を採用した。留岡の創案になる家庭制度「夫婦小舎制」は、天然の感化力の活用と共に、少年の改善に効果的であった。彼の実践したこの制度は、現在の北海道家庭学校に継承されているのは勿論であるが全国五七の教護院の過半が今に到るまで家庭制度を採用している。これをみても、効果的な教育方法であることを証明していよう。

④三能主義

留岡が北海道の原生林を開拓して、「自然七分人間三分」の生活の中で得た感化教育の基礎は三能主義であった。[13] 三能主義とは、勤労、飲食、睡眠の三事である。「少年をして能く働かしむると共に、能く食はせ、能く眠らしむるにありき」。この三要件は、凡ての人類の教育に必要欠くべからざるもので、家屋の建築に例えるならば礎だという。この勤労、飲食、睡眠の実行の上に、教育を以て智能を磨き、宗教を以て心性を開発すれば、感化の実行を奏するであろうと考えた。このように、彼の感化教育は極めて平易で、明確であった。しかし、この三事を日常的に具体化するためには、教師の意志と熱意ばかりでなく、優れた環境設備が必要となる。留岡が構想した自然分子の多い環境もその一つであり、牛馬の飼育等を通じ、興味に訴え動機づけを工夫した感化教育技法も共に不可欠であった。これらが相乗して、初めて感化の実効をあげると考えた。留岡は、「自然七分人間三分」と環境重視の思想を強くもったのであるが、留岡の環境論は、整理されつくされた環境でなく、少年の個性にそって、三能主義を日常的に具体化するため、広大な原生林を教育の実効をあげる目的に向かって開拓しつづけていったところに特色があったといわねばならない。彼が唱く「自然七分人間三分」の思想は、単なる観念論ではなかった。開拓を共にする教員の姿の感化力以上に、教員と共に自然を開拓しつづける過程の中で、環境の感化力が少年を変えていく教育上の効果を体験した結果である。

⑤実物教育

留岡の感化教育の特色は、知育に偏していないことも、その一つである。例えば、労働の必要を説くより、教師自らが鍬鋤を提げて田圃を耕すことから始められた。早起きも、教師が少年に先んじて床を離れた。訓誨、説諭、説教も、耳より目より入れる方法、実例をもって示した。実物教育こそ、非行少年に効果的であることを体験的に得たのである。非行少年を教育するのに、瞬時も無くてはならぬものは、教師の活きた模範的行動であった。感化教育では、幼稚園、小学校で教える如く、実例をもってわかり易く示すことこそ肝要だと強調している。また、専門の教師による普通教育をも重視、師範学校出の教師の招聘に努力している。

⑥体育の重視

教育の基礎は健全なる身体に在り、の教育思想を留岡ほど実践した者はいないかもしれない。富国強兵策がとられていた当時、既に知育・徳育に偏する教育がなされていたことが、福沢諭吉等の指摘でうかがうことができる。留岡は言う、「家庭教育を完全に施さんと欲せば、先ず身体を健全ならしむることを忘る可らず。学校教育に於けるも亦然り。不完全なる身体を以ては精緻なる智識を蓄へ、高尚なる道徳に達すること難し」(14)。彼のこの確信は、米国留学中、エルマイラ感化監獄に於て習得したことがしれる。また、福沢の健康第一主義に共鳴、体育を農業にたとえながら、「身体は恰も田畠の如し、如何ほど老農良種子ありと雖、耕さざる田畠は到底良収穫を見る能たはざるべし」、いかに優れた教師といえども、身体の健全な少年でなければ、円満な人物を養成することはできないと、校医の協力を得て健康の維持にあたっている。家庭学校主任医島氏の口述によると、収容児の身体発育は平均に達していないことを確かめ、児童の教育は心理学のみを以て基礎とするだけでなく、病理学的に研究する必要ありとの観点から家庭学校の教育が推進されていたことがわかる。

⑦ 徳育

留岡は、その著「家庭学校」(一九〇一年)に於て強調する。「形骸ありて精神なき人間は、人にして人に非ず。学校に於けるも亦之に同じ……」、家庭学校の精神はキリストなり、キリストは愛なり、「故に家庭学校は愛を以て生命となす」と、建学の精神をキリストにおいた。ウイッヘルンの"no wall is the strongest wall, where the sprit of christ is"に共鳴、教育に於て重んずべきは信任、信任の本体は友情、友情の本質は愛であると説き、「愛の力は最も高く且つ堅固なる墻壁よりも更に一層高く且つ堅固なり」と家庭学校に逃走を防ぐための墻壁を設けなかった。彼は、感化教育とは、「感化者と被感化者との間に愛即ち友情を程能く実行するにあり」、したがって、愛情に富み、友誼に厚き人物を得ることが、感化の目的を遂げる要諦と考えた。こうした愛ある人で構成される家庭制度を選んだのも、感化院が下宿屋的もしくは学校的になっては、感化の根源である友情・愛情が得られないと恐れたためである。

留岡は、一般の救済事業に於ても宗教に依って立つのが宜い、と考え、宗教なしには感化教育は成立しない、との固い信念をもっていた。宗教がなければ、感化事業の如きじみな仕事には辛抱ができない。感化事業から得る報酬は、悪い子供を真人間にしたいという外に大きな報酬はない、と宗教を以て徳育の根幹とした。

⑧賞罰

留岡は、徹底した愛の実践者といってよいであろう。彼は、従来の刑罰主義を排した。「感化事実施法」（講演・一九一二年十一月）の中で、「先ず原則として叱ることを少なくして褒める分を多くし、又褒めるにもチット手加減をして木に竹を接いだ様な風でなく、成るべく自然に出る様にする、そして叱る時はウンと骨身にこたへる様にするのが却って宜しい。

つまり褒主叱従という風に子供を扱うのが大切」と考えた。この発言の中に、留岡のヒューマニズムがよくあらわれているように思う。彼は不良少年の性癖を実によく観察、記述している。あるいは、教師の観察記録を日記に転写するなどして、丹念に読み批評を加えている。また彼は、少年の性質、発達に応じた教育を行っていたことから、賞罰よりも先ず情緒の安定に注目していたことがしられる。視聴覚教育を採用（教育的活動写真、幻灯、蓄音機、講談）、動物飼育と乗馬訓練など、楽しみを与えながら教養する方針をとるなど、非行少年の心理を体得した者でなければ発想できない感化教育実践者であった。彼は、非体罰論者であったといってよい。「体罰論」（一九〇六年）に於て「凡て人は児童をして正しき人物たらしめんことを望まば、己れも亦正しく彼を取扱ハざるべからず」、彼の感化教育の神髄がここに集約されているように思われる。

⑨ 教職員の配置

教師は、学科、実業、音楽、体操の四種に分った。実業と学科担当の教師は、常に少年と起居を共にし、これによって少年の行動を熟知することが大切だと考えた。次いで、保母の存在を重視している。留岡は、生徒と教師の関係を園丁と植物の関係になぞらえ、「園丁にして植物を個々に知る能はざる時は之を完全に培養する能はず。斯の如く教師も生徒の性情を十分知悉するにあらざれば個人に適応せる処遇を為す能はず」[15]、しかし、非行少年は樹木と異なり、教師の視線を離れて我侭勝手な行動を為す性質に注目し、悪癖ある少年を我侭勝手に交際させては大変危険であり、感化に害になると観察、勉めて教師の監督の許において行動させることが大切だと説く。また、彼は、校長と教師、保母の関係は、病院長と医師・看護婦の関係に等しいという。毎日、患者の病状を院長に報告するように、家庭においても、教員及び保母は、生徒に関する其の日の出来事を細大もらさず報告すること、教員・保母は親権（監督権）の代行者として少年に臨むこと、威厳を落とさないよう注意すること、一度権威を失墜すると感化力を失うこと、教師の不注意又は怠慢による少年間の殴打、創傷、逃亡は教師の責めに帰せられること、と校長、教員、保母の業務とその責任を厳しく問うている。

彼は、また、感化教育実践の過程で、普通教育の教授法を反省、師範教育を終え小学校教育に従事した経験のある教師がいないことをあげる。感化教育に必要なものは、師範学校を卒業し、一通りの教授を体験した上に、感化教育に関し、大体の心得ある者を何よりも必要としていた。

彼は、明治三十四年、感化法の制定と共に、慈善事業に当たる男女を対象にした教師養成所構想を既にもっていたのである。そこで、社会学、教育学、慈善学、神学及び聖書等を教え、将来、感化事業と共に慈善事業に従事する教師養成を意図した。それは、国家の急務との認識に立っていたほどであるから、教員の配置は切実な希望であったろうと推測される。

彼は、指導者の資格として、第一に誠の人、第二に言行一致の人、第三に無欲又は寡欲の人、第四に善き意味の強欲者、第五に新しい知識の獲得に努める人でありたい、と自身への戒めをこめて、指導者に学びの姿勢の必要なことを「指導者の資格」（人道220号、一九二四年）に書きとめている。この発言には、言行一致、強欲で、誠実だった留岡の人格が素直に披瀝されていると思う。

3、感化教育の成果

留岡の感化教育実践の成果はいかがなものであったであろうか。留岡自身、感化教育二十年を振りかえって、教育の成果を以下のように述べている。

入学総数三五七人：退学三〇〇人、内

改善卒業二三七人、事故退学二二人、不結果四一人：現在生徒五七人

「これが実効に当たりては、将来如何なるものであるかと思ひ、多少の危惧なきにしもあ

表3　予後と環境条件

予後成績 / 環境条件	成功群	良好群	未安定群	失敗群	計
父母共になし	20	16	3	12	51
	(39.2)	(31.4)	(5.9)	(23.5)	(100)
母なし	33	25	12	15	
	(38.8)	(29.4)	(14.1)	(17.7)	(100)
父なし	27	12	10	13	62
	(43.6)	(19.4)	(16.1)	(21.0)	(100)
欠損家庭小計	80	53	25	40	198
	(40.4)	(26.8)	(12.6)	(20.2)	(100)
家庭内環境不良	19	11	6	15	51
	(37.3)	(35.7)	(11.8)	(29.4)	(100)
家庭外環境不良	9	5	0	0	14
	(64.3)	(35.7)			(100)
本人自身	4	4	2	5	15
	(26.7)	(26.7)	(13.3)	(33.3)	(100)
不詳	7	3	3	2	14
	(50.0)	(21.4)	(14.3)	(14.3)	(100)
計	119	76	35	62	292
	(40.8)	(26.0)	(11.9)	(21.2)	(100)

出典：留岡清男「教育農場50年」昭和39年9月岩波書店

らざりしが、二十年間の実験はその杞憂たるを証して余りあり」欧米に比し「右の成績充分なりとは固より言ふを得ざれ共、吾人が予期したる理想は大体に於いて実行せられたりと云ふを得べしと信ず」(16)。留岡は、感化実践の成果を、自信をもって幾分ほこらし気に結論している。また、創立五十年記念行事の一環としてなされた卒業生の追跡調査(17)によると、大正三年の創立以来、昭和三十九年三月三十一日までの全卒業生九〇五名、改善卒業者六七〇名、改善率

表4　年齢別にみた予後成績

年齢＼予後	優秀群	成功群	良好群	未安定群	失敗群	計
19～20歳	0	4	3	3	9	19
		(21.1)	(15.8)	(15.8)	(47.4)	(100)
21～25歳	0	17	32	16	24	89
		(19.0)	(36.0)	(18.0)	(27.0)	(100)
26～30歳	4	24	23	9	13	73
	(5.5)	(32.9)	(31.5)	(12.3)	(17.8)	(100)
31～35歳	3	21	12	4	6	46
	(6.5)	(45.7)	(26.1)	(8.7)	(13.0)	(100)
36～40歳	3	6	1	3	4	17
	(17.6)	(35.3)	(5.9)	(17.6)	(23.5)	(100)
41歳以上	27	12	5	1	6	51
	(54.0)	(22.0)	(10.0)	(2.0)	(12.0)	(100)
計	37	84	76	36	62	295
	(12.5)	(28.5)	(26.0)	(12.0)	(21.0)	(100)

出典：留岡清男「教育農場50年」昭和39年9月岩波書店

七四・三％であった。残り二三三名は、措置変更、逃走除籍、病気等事故退校、死亡者であった。この六七〇名の改善卒業生の予後成績（調査時点で卒業後三年を経過していないもの、満十九歳に達しない者は除いた）をみると、予後が明らかだった二九五名（被調査者の五七・八％）の内訳は表3、4の通りであった。これによると、良好群（社会的にほぼ安定、生産活動に若干不安を残している者）以上の者は、過半の六六・八％であることがわかる。社会生活に破綻を示した失敗群は二一％、残り一二％は将来の成りゆきがつけ難い未安定群であった。

太平洋戦争と戦後の混乱期があったことを勘案すると、教育効果あり六七

%、効果なし二一%をそのまま教育成績の評価値として採用することはできないが、少なく見積もっても五一〇名中一九七名三八・六%は教育効果あり、と評価してよい。戦前の卒業生のうち、成績良好な者が今回の調査で予後不明者として相当数計上されていることから、留岡清男は、これらを勘案して「家庭学校のいわゆる改善卒業生は、最小限その四〇%(五一〇名の中の一九七名は、三八・六%となる)、最高限八五%(失敗群六二名は、全体の一二・二%になる)、おそらくは、六〇%から七〇%くらいの割合で、社会的有用の材になっているのではないか[17]」と推定している。この調査では、予後に影響すると予想される条件について、統計的考察を行っているが、これによると、生育環境が不良であっても、比較的早期に発見され、不良環境からの隔離と家庭学校内の生活環境等が教育効果をあげていること、「家庭学校内の教育的雰囲気と毎日の生活条件とは、最小限にみても、生徒を悪化させないことが立証」されたこと、情意の積極性のある者ほど、また、卒業時の支持条件が十分の場合ほど教育効果が良好の可能性が高いことから、「寮生活に於て、少年の心の奥底にふれ、歪められたコンプレックスをときほごす工夫」が必要であること、や集団訓練による意志持久力の涵養の他、「正常家庭における基本的礼儀作法」「言葉使い等の稽古」などが実地に即して行われることが望ましいと、寮母の役割の重要性を指摘している[18]。

以上の結果から、「夫婦小舎制」をベースとした感化教育は、少なくとも、留岡清男のいう、家庭学校内の教育的雰囲気と毎日の生活条件とは、最小限にみても、生徒を悪化させない以上に、少年の資質を改善し、社会適応力をつけたと評価してよいであろう。

留岡の時代の非行少年と、現代日本の非行少年の非行化要因及び様態は、直接には比較できないが、前者の方がはるかに養育環境、教育環境が劣悪で早期に情緒的障害を起こし、再適応が困難であったと推定される。留岡の少年観察から推定しても、単なる貧困による非行とは断じ得ない。否むしろ人間関係もつきにくく、再適応への主体性も乏しいので指導に根気がいったと思われる。

おわりに

現代少年非行の特徴について、平成二年犯罪白書は、非行の一般化及び低年齢化現象をあげ、非行の約九〇%は比較的軽微な事犯で占められており、諸外国との比較では、さほど深刻化していないものの、少年比がかなり高く、問題を含んでいると警告する。家庭養護の面では、約八〇%の少年の家庭は、放任、一貫性なし、溺愛など養育態度に問題を有し、非行化要因の一つを形成していることがわかった。従って、白書のいう非行の一般予防は、良好な家庭環境の維持、特に保護者と少年との心的交流の維持が重要なことは論をまたない。

最近の非行研究において、現代家族の社会的機能と少年非行の関連を研究したものに、深化した非行は、家族の社会化機能の障害が固定化され，家族の再調整力が欠如したケースと考え、非行関係機関は少年法、児童福祉法の理念にそって、家族に代わって子供を社会化すべき機能を果たすことを期待している[19]、この指摘は、非行事実の複雑性、多様性の他、特に非行専門機関職員の資質の多様性の理由から、ケースバイケースでの対応が行われているものの、少年の生活の場における親子関係への援助が十分でない事実からひきだされたものである。この指摘は、長く非行臨床にたずさわった者として同感である。専門機関、職員の非行に対する受けとめ方は多様であり、専門機関相互の連携もまた不十分である。先の研究が指摘するように、各専門機関の機能、役割、権限などについての理解の不十分さは確かに存在する。これは、教護院、少年院などの施設と児童相談所、家庭裁判所などの専門機関との関係の中にも存在している。

現代少年非行の予防、問題の改善のためには、少年をめぐる環境、とりわけ家庭環境特に親子関係の改善を図る必要がある。とりわけ、深化した重度の非行少年の場合には、家庭に代わって少年を社会化する教育機能が不可欠である。非行の発生が早期であるほど必要である。それも、可能な限り社会内で処遇するのを原則とし、年少非行少年の場合には、次善策として、児童福祉施設（養護施設及び教護院）に入所させ、親子関係の調整を行うのが最も効果的処遇と考える。

教護院は、留岡の感化教育実践以来、まさに、家庭に代わって少年の社会化と精神の安定成長に寄与してきた児童福祉施設である。戦後の社会制度の変革の中で「夫婦小舎制」の維持が困難となり、教護院の伝統的家族制度が崩壊の危機にひんしている。しかし、半数の教護院にあっては、交代制勤務に工夫をこらし、留岡の実践を継承しながら「夫婦小舎制」の維持に努めている事実がある。

非行の低年齢化が進行する現在、「夫婦小舎制」の意義を再確認し、こうした施設機能の中で、少年に対し愛と教育を提供する福祉施策がさらに積極的にとられることを期待している。

（1992）

引用文献

1 法務省法務総合研究所編『犯罪白書』（一九九〇）
2 総理府青少年対策本部編『日本の青年』（一九八四）
3 有地亨編著『現代家族の機能障害とその対策』（ミネルヴァ書房、一九八九）
4 総理府青少年対策本部編前掲書
5 遠藤興一「『基督者』としての留岡幸助」（明治学院論叢第三六八号、一九八五）

6 留岡幸助『家庭学校』（敬醒社書店、一九〇一）
7 留岡幸助「監獄改良と学術的方面」（「新世紀」一巻一〇号、一八九八）
8 留岡幸助前掲書（7）
9 留岡幸助前掲書（6）
10 留岡幸助前掲書（6）
11 留岡幸助前掲書（6）
12 留岡幸助前掲書（6）
13 留岡清男『教育農場50年』（岩波書店、一九六四）
14 留岡幸助前掲書（6）
15 留岡幸助前掲書（6）
16 留岡幸助「感化事業の30年」（「人道」二八九号、一九二九）
17 留岡清男前掲書（13）
18 留岡清男前掲書（13）
19 有地亨編著前掲書（3）

参考文献

1 留岡幸助『留岡幸助著作集』第一巻～五巻（同朋者出版、一九八〇）
2 留岡幸助『留岡幸助日記』第一巻～四巻（矯正協会、一九七九）
3 高瀬善夫『一路白頭ニ到ル』（岩波書店、一九八二）

三、有馬四郎助と感化事業

はじめに

有馬四郎助は、我が国最初の女子感化事業の創設者として知られている。彼は、その生涯を行刑の改良と感化事業に、文字通り死の直前まで尽力した。

彼の業績は主に(一)監獄改良、(二)少年釈放人保護事業、(三)女子感化事業　に顕著なものがあった。殊に、女子感化事業は、本邦初でありまさに先見性のある選択であった。

彼が活躍した明治時代前期は、富国強兵を国是とし、国をあげて国家建設に邁進していた。青年の多くは、出世主義を国民の義務と、当然の如く心得ていたに相違ない。薩摩出身の若き有馬も同様の覚悟をいだき、北海道へ渡ったと思われる。しかし、彼は、出世主義を捨て、感化事業と監獄改良に尽瘁《じんすい》、七十年の生涯を終えたその転機は何であったろうか。

有馬の業績の内容およびその動機を解明しながら、彼の感化教育感の形成を明らかにし、業績の意義を確認したい。

1、有馬四郎助の生涯

(1) 有馬の経歴

有馬四郎助を論ずるにあたり、彼の生い立ち、性格を無視するわけにはいかない。刎頸の友であった留岡幸助[1](一八六四〜一九三四、北海道家庭学校創設者)は、一八九一年五月、キリスト教教誨師として北海道空知集治監に赴任するにあたり、有馬の噂を耳にした。有馬は、薩摩出身の司獄官で空知集治監における「一大勢力家である、加ふるに基督教に大反対であるから余程注意してやらぬと、事頗る面倒であると言ふことであった。(略)当時私の眼に映じた彼は元気旺盛で、監獄周囲の農場や其の他を巡回するや白馬に跨り、(略)威風堂堂たるものであった。彼れ一度び叱咤すれば獰猛な囚徒も戦慄するので、彼は典獄にあらざるも其の権力は典獄と同等至之同等以上」と留岡は往時の有馬を語っている[2]。ここには、健児の社において鍛えられた古武士的風格をもつ薩摩隼人の勇姿が躍如として描写されている。二十二歳から二十七歳にかけての有馬は、事実、受刑者から「鬼の有馬」と恐れられていたのである。

当時の行刑は、儒教による仁愛の精神で懲治することを旨とするとされていたが、実際には、「懲戒ノ為苦役セシムルモノニ付、タトエ不幸ニシテ死傷スルモ之ニ扶助手当ヲ支給スルハ妥当ナラズ」（明治十三年内務省指令）、「懲戒苦役堪ヘ難キノ労苦ヲ与ヘ罪囚ヲシテ囚獄ノ畏ルベキヲ知ラシム可キ」（明治十九年内務卿山県有朋訓示）の指示によって行われていた。監獄官吏には帯剣が、北海道では銃の携帯が許されていた。また、一定の範囲ではあったが、典獄に司法裁判権が与えられていた。したがって、脱走者の中にはその場で斬殺される者もあった。「鬼の有馬」を髣髴とさせる逸話が数多く残されているが、正義感の塊のような有馬は、刑務官吏として、任務を忠実に履行していたに相違ない。

彼は、一八六四年（文久四年）、父益満喜藤太、母トメの四男として、鹿児島市下荒田甲突川畔で出生した。五歳、有馬家の養子となる。これは、士族の株を買うためで、彼の将来を考えた両親の配慮からと考えられている。したがって、その後も母親の手で育てられる。十五歳、鹿児島県立師範学校付属小学校高等科を卒業すると、すぐに母校の小学校訓導補となり、二か月後には訓導に昇格している。

新しい教育制度や激しく変化する社会制度に翻弄されながら、彼は人生の針路を修正していく。訓導になって二年後、志を変更、警察官の道を歩みはじめる。士族出の、しかも西南戦役の敗者側（長兄、三兄が西南戦争の際、西郷軍に属し敗死している。）が選択できる立身出世の方途であったろうか。

一八八一年、京都府二等巡査、一八八五年鹿児島県警部補となるが、一八八六年、行刑官の募集に応じ、北海道集治監看守長兼書記に転進する。彼は、母トメと看守を志す青年百有余名を伴い渡海した。明治の青年らしい大いなる気概と青雲の志をもって、看守長の道を選んだのであろうか。彼は転進の理由を一言も語っていない。

（2）有馬の性格

有馬の性格は、若い頃から几帳面、いささか頑固、融通のきかない面があったようだ。(3)後年、事務机の硯箱が真直ぐ置かれていないと不機嫌で、郵便切手の曲がっているのにも叱言を言うところがあったといわれている。大胆と細心が同居していたようである。

「鬼の有馬」から、血の気の多い、真正直で攻撃的な風貌を連想されようが、後年の遺影からはその片鱗さえうかがうことができない。鍛えられてはいたが、胃弱で痩せた体型であったように思われる。

彼は、大井上輝前典獄より力量を認められ、一八九一年八月、新設の網走分監長に就任する。看守長になって四年八月後、留岡と遭遇して五月後、若冠二十七歳、異数の抜擢であった。

網走分監は、職員看守長以下二一三人、受刑者一、二六四人規模の監獄であったから、刑務官吏として希少価値をみいだされてのことであったろう。几帳面、頑固、誠実、旺盛な正義感と高い指導力、必罰主義でかち得た地位であったかもしれない。

留岡は、「三十五年前を顧みて」の中で、「訪問度重なる毎に私の聞き込んだ人間とは相違するような気も起り、且つ長く官海にある彼としては資性極めて純真で、加ふるに、自分の知って居る専門範囲外のことは極めて謙遜で、殊に道徳宗教の談になると頗る熱誠を以て聞きたがる傾向が強い。かやうな彼の態度を目睹した私は、この人物は面白い、先輩として友人として交るには容易く得られない性格者であると思ふた。」と語っている。[4] これもまた、彼の素顔であったろう。

有馬には、信念を以て事にあたる勇猛果敢な情熱的な面と、純真、誠実、真摯、とことん思いつめる面があることを留岡は見抜いていたようだ。有馬は、この網走分監長時代を境に人格転機が起きたように思われる。留岡との出会い、大塚素《ひろし》(5)との交友が、それを決定的にしたと自身もいい、また周辺も語っている。

2、有馬における転機

大塚素は、同志社を卒業後、一八九二年二十五歳の折、留岡幸助を頼って、北海道へ渡ってきた。釧路監獄のキリスト教教誨師として就職、一八九五年、職を辞し渡米するまでの四年間、彼は有馬と兄弟の如き関係を結んでいる。彼は、赴任するやすぐに、有馬に「馬可伝」を各章毎に注解を加えたものを毎週一回、厳しい寒気の中で書きつぎ、四か月間郵送しつづけたのである。

「馬可伝」は毛筆で七五枚に達した。キリストの受難と復活を強調しながら、刑務官の使命、将来の抱負を書き加えるなど、全編、純真、簡潔、具体的な例話をまじえた文章で綴られている。大塚の執筆の動機は、受刑者を教導するためには、先ず役人を、殊に責任者を導くことが眼目と考えた。薩摩隼人の典型ともいうべき血気壮んな偉丈夫に、敬天愛人の大義を信奉させることは可能と自信もあった。彼もまた、有馬に負けず劣らず古武士的風格の持主で、気骨ある純真な人柄であったといわれている。どこかで二人は、肝胆相照すものがあったのであろう。

有馬は、後年、この頃を述懐して、次のように書いている。「私は当時未だ宗教を解せず、家には篤く佛門に帰依せる両親があったけれども郷党の習ひに依て自分は孔孟の教に則り治国平天下を以て唯一の主義信條としていた、処が世路人心の実際問題に触れ来るに従ひ、痩我慢にも我主義信条の無力なるを感ぜざるをえなくなってきた。」[6]「教誨師の激務にありながら、寸暇に乗じて小生の為めにこの講義を記送せらる。所説懇切、言言友愛の熱情より出ず、頑鈍の心感動せざる能はず、これ小生が天恩裕かなる無限生命を享受するに至る初階なりし也。」[7]。大塚の熱情と友愛に感動した有馬の心情がよく伝わってこないか。

有馬は、留岡や大塚との人格的触れ合いと、大塚の「馬可伝」注解を通じて、「キリスト教は言語に非ずして能力であり、哲理にあらずして生命であることを感ずる」に至った。

彼は、「外国に拮抗して真に文明の成果を収めんには是非共小我を捨てて真理を之に求めねばならぬ。」と結論を下し、監獄改良の問題は、キリスト教の精神を抜きにしては成就できぬと考えた。若き有馬典獄にとって、監獄の惨状は到底座視できぬものであった。刑務官に対する指揮、受刑者の管理は、法律によるしばりよりも人間関係の基調をなす感情が大切であることを感得すると同時に、監獄管理の原則、哲理を得たのである。この機会を契機に、「非常な変化で、自分ながら不思議」な心境の転換が起きたようである。[8]

一八九八年、有馬は、東京霊南坂教会において、留岡より受洗、キリスト者となった。一九〇一年、大塚の「馬可伝」通信講義本を製本し、「友愛」と名づけ座右の書として秘蔵した。留岡による受洗後の有馬の監獄改良に対する活躍はめざましい。有馬の性格、行刑に対する真摯な取組みから、何らかの改良に着手したであろうことは想像に難くないが、「クリスチャンになった後と前とを比較して見ると、彼の性格表現は雲泥の差ありとは私の居常痛感する所である」と留岡を驚嘆させるぐらい、有馬の性格は豹変したのではなかろうか。まさに、人格転換がなされたのである。[9]

一八九九年、神奈川県典獄に移ってからの有馬の行刑は、弱腰との非難を浴びながらも、懲罰主義を廃し、人道主義に立った感化教育主義、自治的行刑主義に徹した。その結果は、小菅監獄署時代の一九二三年九月一日、関東大震災の折に、遺憾なく発揮されることとなる。高いレンガ塀、獄舎は全て倒壊し、一般社会への障壁は無くなったが、「受刑者一般が、互に相戒め相扶け」逃走する者は無かった。[10] 日頃の有馬典獄の恩情に反することのないよう、受刑者同士が自主的に結束して、逃走防止に務めたといわれている。後年、留岡は控えめに書く。「彼の仕事は学者的方面ではないが、監獄改良の実際方面に於て為した功績は偉大である。」「彼は多年監獄改良と囚人愛護に全力を尽くした。今や彼は我が全国中の老典獄行刑官吏の耆宿である。」と、賛辞を惜しまなかった。[11]

3、監獄改良

（1）明治期の監獄状況

犯罪人に対する一般人の誤解もあって、監獄は社会の塵捨場視されていた。[12] 刑法学者でさえ、犯罪人遺伝説を信じていた時代であった。明治時代の行刑理念は、儒教の「仁愛」であったが、事実は悪人を改善して善人に遷らせるのに「労役苦使」をもってするのが一般で、博愛主義に立つフランス刑法を母法とした旧刑法（一八八一年制定）が実施された後も、行刑の実態は弾圧的、抑制的であった。

一八九〇年代後半、全国囚人数（五万人前後を推移している）は漸増化しており、（一九〇五年やや減少する）、その内再犯者は六〇％を占め、これも若干増加傾向にあった。職業的あるいは習慣的犯罪者の多い環境の中に少年たちや心身に障害をもつ受刑者が収容されていたのである。しかも、国益優先の時代であり、監獄運営は惨憺たる有様であった。[13] 受刑者を一個の人間として、仁愛の精神をもって処遇する観念は空文に等しかった。形式的には近代化された行刑制度であったが、犯罪者を減少させることはなかった。再犯者が多い現実を、監獄が犯罪者を養成しているに等しいと嘆じる司法行政官僚がいたくらいである。[14]

犯罪者を減少させるためには、懲罰、労役苦使を中心とした弾圧的、抑制的方針をかえ、一人ひとりの犯行の原因を調べ、一人ひとりの人格に応じた行刑を実施することに加えて、増加する少年犯罪者に対する感化教育を早期より推進すること、そのために法改正と監獄改良が不可欠との声が、欧米の人権思想に覚醒した行政官、実務者双方から沸きおこっていた。監獄改良は、司法界の緊急課題であったわけである。

しかし、現実は「余輩実に慷慨せざらん。」「監獄改良は至難の業也。」と有馬を嘆かせるほど、職員の綱紀も紊乱しており、最悪の状態にあった。[15]「監獄改良は一の革命事業也。」と有馬は断じ、革命家に必要なのは、常識と精力で、いかに博学多才であっても、それはかえって実行に際し人を臆病にさせてしまうと覚悟を固めるのであった。

「今や我が国の監獄改良は、最早空理空論に非ずして、果敢勇壮なる実行を要するの時代」だとの認識を示し、常識と精力に富んだ人格者の輩出を待望している。有馬の現状改革はキリスト教主義による、犯罪人といえども人間は変わりうるとの強い信条に基づいているが、一方、酷寒の地で厳しい行刑体験（国策による命令とはいえ、北海道開拓に受刑者を使役し、寒冷と栄養失調により多数を死に至らしめた）[16]をもつ有馬としては、贖罪の気持と、行刑に携わる典獄としての正義感、責任感からの判断であり決断であったと推量される。我こそその任にふさわしい識見と気力と資格をもっているように宣言しているようにきこえてきはしまいか。薩摩隼人の勇猛果敢、熱情的なきかぬ気の顔がのぞいているようにも思われる。

(2) 感化教育の実践

一八九〇年後半に至ると、欧米の監獄事情も明らかになり、国情に合わせた刑法改正の機運、感化法公布(一九〇〇年)の影響もあって、監獄界にもようやく変化の兆しがみえはじめた。

受刑者個別処遇の思想がこの変化の根底にあった。先ず、一九〇二年、埼玉川越支所に幼年監を設け、八歳以上十六歳未満の東京付近の男子を収容することが決められた。ついで、一九〇四年、横浜監獄内に特設監を増設、男性の盲唖者と女性懲治人の懲治が特別になされるようになった。

有馬は、障害の原因、病状の精密検査、心的状態、入所時の罪悪感、犯行動機などの記録、出所後の成績調査を行いながら、感化教育に努めた。

一九〇六年、横浜監獄小田原分監に幼年監が新設されるや、有馬の能力が最大限に発揮されだす。小田原幼年監には十歳から十九歳まで二三〇人の少年が収容された。収容時の七四%一六九人が十五歳以下であった。

これより先、有馬と留岡は、感化法制定運動のさなか、東京巣鴨に私立「家庭学校」を設立し、感化教育の実践を積み重ねていた(一八九九年)。

当時の有馬の感化教育観は、留岡と同様のものであったと思われる。懶惰な性情から犯罪に走ると考えたようで、作業を多く与え、勤労の精神を教える他、運動を十分させることが肝要とした。学習の強化も計っている。例えば年齢、学力、身体発育に応じ、小学一年から高等科二年までの学科教育を施した。実科は、将来生計を立てることができるよう、農業、下駄表、竹細工、西洋洗濯などの作業を課した。活発、健康、勤労を訓育の重点としたことがわかる。

彼は、後年、「刑務所長は、収容者を我が子供の如く薫陶愛育すべき親心を有せねばならぬ。親心と言えば厳格なる父親の威厳すべき方面と、愛情の滴るる慈母の優しき方面との二つがあって、この両方面を共に保つべきが刑務所長の任務であらねばならぬ。」ことを自身にいいきかせていた(17)。彼はまたこうも言う。厳は同情に根ざした厳であるべきで、その上で罰すべきは罰し、叱すべきは叱すべきだと説く。必罰主義は誤りで、自省自責を与え、自重心に訴え、懲罰を頻繁に与え徒らに畏縮心を与えるのは不可と主張した。

小菅刑務所時代、通常的に行われていた所内非行に対する「減食罰」を有馬は絶対に科さなかった。彼は、この罰則によっては心のすさんだ者に反省を期待できぬと考えたからである。

有馬は、当時支配的だった懲罰主義、官僚的行刑主義に対して感化教育主義、自治的行刑主義の立場を貫こうとした。「人として又同胞として愛撫の心より割出して、人間相当の待遇を与へ、もって彼等をして益益自重心を起さしめ、人は各各良心の支配を受けて、独立独行せねばならぬとの意識を強からしむるのが尤も大切」と叫ぶ。[18] しかし、官僚的行刑主義の支持者の多い時代にあっては、受刑者を増長させ行刑の目的が達せられぬと、上司から厳しく批判されたり、緩慢なりと嘲笑されるのであった。[19] が、有馬は断固信念を主張して一歩も退かなかった。

4、女子感化事業

感化法制定は、それまで年少犯罪者を八歳から十六歳、二十歳以下の二段階にわけ懲治場において旧刑法による刑罰的処遇を行っていたのを教育的処遇へと転換した画期的改革であった。しかし、新刑法の公布（一九〇七年、責任能力を十四歳以上とした）、監獄法規則公布（一九〇八年）、感化法改正（一九〇八年）されるまで、国は感化院の運営と経費の支出を府県にゆだねたことから、感化院の設置は、遅々として進まなかった。感化院対象の多くの年少犯罪少年は、相変わらず短期刑を宣告され懲治監に収容された。また、釈放後も何の保護も得られず放置された。有期刑と懲罰は、単に威嚇に終わるだけで何の効果もなかったのである。一方、一般も釈放人は何等の保護措置もなく、再犯の原因と収監者増員の要因となっていた。

このような状況の中、監獄改良の機運もあり、明治の末年には釈放者保護事業——明治時代初期には免囚保護と言われていた——の必要性が叫ばれるようになった。釈放者の保護については、これよりも早く、原胤昭（一八五三〜一九四二、キリスト教教誨師）、留岡幸助等による私設保護事業実践活動が記録されている。このような潮流の中にあって、一九〇六年、有馬は小田原幼年監獄開設を機会に少年釈放者保護事業を開始した。有馬は、行刑の第一線にあって、少年釈放者保護への道を開いたのは、行刑責任者の意識を越えるキリスト者の使命感によるとみられている。(20)

有馬は一九〇七年十月、幼年保護会を母体に横浜監獄女子幼年者釈放人の収容を開始、収容者の増加により感化部を設け根岸家庭学園と称した。これは、盟友留岡幸助の家庭学校が刺激になっている。犯罪少年は圧倒的に男子に多いが、当時の横浜監獄には年少女子の懲治人が九九人（幼年監三八人、女子監六一人）収容されていたのである。この中には感化院対象者が含まれていた。ここに有馬は着目した。感化事業の推進については、留岡は、「私は男子をやる、あなたは女子をやりなさい。」と激励したと伝えられている。我が国最初の女子感化院設立は、有馬の卓越した着眼点の確かさと、キリスト者の使命感によるといってよいだろう。

横浜家庭学園の前身は、先にも触れた如く、神奈川県小田原に開設した少年釈放者のための幼年保護会であった。この背景には、ようやく起こりつつあった保釈人保護に対する社会的認識の高まりと、小田原少年特設監収容者の多くが、十四〜十五歳の短期刑の犯罪少年たちで、刑法上短期刑であるため、少年たちには、単なる脅しに終わってしまい、釈放後、何らの保護もないことから再犯化する恐れありと有馬は考えた。有馬はこの課題に、行刑官の立場を離れて、民間事業の形でこたえたわけである。行刑上に潜在する要求に、彼の開拓者精神が働いた監獄改良の一つの答でもあった。

家庭学園は、一九一〇年、神奈川県代用感化院に指定された。一九一五年四月横浜市保土ヶ谷帷子町に新築移転する。この機会に学園の名称も根岸から横浜家庭学園と改めた。有馬は、一九二三年七月小菅家庭学園を設立、東京府委託の女子を横浜から新学園へ移した。関東大震災によって、横浜の園舎は全て倒壊したため，保土谷峰岡町へ一九二五年六月復興移転を余儀なくされた。しかし、ここも有馬の死後、一九四五年戦災により焼失してしまった。このため、保土ヶ谷釜台に移転、現在に至っている。

横浜家庭学園は、キリスト教主義を感化教育の基本におき、園生を家族舎に分け、家族長のもとで農耕、手工、家事、裁縫などの教育を行った。横浜家庭学園における感化教育の建学精神は現在に継承されている。

5、有馬四郎助の人格転換と感化教育観の形成

近代児童福祉の淵源を問う場合、心身虚弱な児童、劣悪な環境におかれた児童――被虐待児童、極貧状況におかれた児童、非行少年等――に対する社会内処遇・施設内処遇が人道主義的あるいは、児童の人権を擁護する視点から行われていたか否かからみていく必要があろうと思われる。

明治時代初期、人権思想は一部の有識者を除いて未だ未成熟であった。儒教思想が社会生活に染みわたっていたから無理からぬことであった。しかし、近代化を防ぐ明治政府にとって、人道主義を基盤にした制度・施策の樹立は必須のものであった。

明治政府は、犯罪者処遇にあたって、博愛思想を其底にもつフランス刑法を範とした旧刑法を一八八一年に制定した。が、行刑を外形的に模倣しただけで受刑者の人権は不問と

した。一九〇八年施行の監獄法さえ、当時としては進歩的法制と評価されたが、懲罰中心、人権思想希薄だった明治法制の残滓以外の何者でもないと指摘されている。したがって、監獄は外形こそ近代化されたものの、先にふれた如く、内部は塵捨場視されていた。多くの非行少年は、習慣性犯罪者と同じ獄房に収監された。しかも、行刑方針の仁愛は形骸化し、弾圧的、抑制的であった。このような状況の中に有馬は登場したのである。

有馬は、留岡がいうようにまさに実務の人であった。彼は、長い行刑の経験を通じて、犯罪人の人格特徴、犯行の原因をみつめてきた。行刑方針に従い、受刑者酷使をはじめ人命無視の処遇を自ら陣頭指揮し、多数の受刑者を死に至らしめたこともあった。有馬は西郷南洲の敬天愛人思想におそらく共鳴していたに違いない。弱者に対するに法の厳しい執行――受刑者の外面の犯罪行為を責め内面を問わない――や、労役や懲罰による矯正は、必ずしも更正につながらないことをみてきたと思われる。一方、行刑を行使する者の道義的あり方に自省し、道義のともなった法の行使が実務家の義務と心得た有馬は、過酷な労役の執行に煩悶したこともあったであろう。重罪人で無期刑の多い獄内の秩序を維持することは困難を極めたに相違ない。この煩悶や、持ち前の正義感と典獄の責任感、道徳観が受刑者を一個の人間としての生存を認め、自立心を高めることが必要との問題意識を持つ契機になったのではなかろうか。キリスト者およびキリスト教との出合いがその解決への道を与えた。

これも、無期、長期刑者の懲戒を目指す、若き典獄の苦悩が選んだ道であったが、キリスト教教誨師、原、留岡、大塚等の熱情的な信仰態度、人道主義思想、魅力的な人格、監獄改良の姿勢による感化が大きい。その有馬が、当時の犯罪学、行刑観に反して、行刑は、「同じ御手にて造られし同胞の御前を遠かり、人の道を離れたる者を、其本に復らしめんとの望を以て働くとは、最も幸福なるを感謝する所なり。」との大塚の言説に、有馬は受刑者に対する同胞愛を覚醒され、行刑の真理をキリスト教に求めていった。

実務家として、受刑者を改善するには、犯罪の動機、犯罪者の人格などの科学的な究明は不可欠であり、これに立っての個別的処遇が必要とも考えた。それらは、横浜幼年監の実践や、小菅刑務所時代に採用した階級処遇に具体的に現れている。しかし、法律や理論優先、科学万能主義は人間を器械化して死物化すると戒めてもいる。

有馬は、まさに情の人である。彼は書く、「獄制の根底は道徳に在り、道徳一たび地を拂へば獄制の主義総て空し」、法律の執行に急で、司獄側に同情心、道徳心がなければ行刑は失敗に終ると。司法官吏は実際問題の処理にあたって、愛心をもって処遇すべきこと、労働の権利を剥奪せず、寧ろ之れを尊重保證することを新刑法に要望する。彼の主張には、既に人権保障の発想が認められる。

かくて、有馬はキリスト教主義、人道主義に立って、受刑者の人格、自治を認めた処遇を行い、保釈後の社会適応を目指した行刑を唱導、犯罪の減少を目的とした監獄改良を積極的に行った。彼は、感化教育、自治的行刑主義的行刑を必罰主義、官僚的行刑主義者の痛罵を浴びながらも、また司法権力に抗しつつ着着と行刑実践を積み上げていった。監獄改良は、結局、非行・犯罪少年に対する適切な感化教育的処遇の実施と、再犯者をつくらぬ行刑でなくてはならぬ。したがって、感化院の設置と釈放人保護は、彼の考える行刑の当然の帰結でもあった。

おわりに

留岡、大塚等の人格的、宗教的な感化を受けた有馬は、強烈な行刑体験を経た後、それへの贖罪を動機の一部に持ちながら、キリスト者となり監獄改良に取り組んだ結果、感化教育を実践、民間主導による釈放人保護と感化事業に帰着した。彼は現在のケースワーク及び教護・触法少年、心身障害者福祉のさきがけ的実践者といえよう。彼の人道主義と人権保障思想に立脚した実践は、感化事業の進展に大きく貢献したことは論をまたない。

（1993）

注

1 市川隆一郎「留岡幸助と感化事業」(聖徳大学短期大学部研究紀要、第二五号、一九九二)

2 留岡幸助「三十五年前を顧みて」(「人道」二三〇号、一九二三)

3 三吉明『有馬四郎助』(吉川弘文館、一九六七)

4 留岡幸助、前掲書(2)。

5 大塚素(一八六八～一九二〇)は、一八九二年、同志社普通校を卒業、留岡の後を慕って、北海道空知集治監教誨師となり有馬と相識る。米国、欧州外遊後、母校同志社を経て、一九〇九年満鉄入社、社員の慰問事業に従事した。

6 有馬四郎助「我が師友としての大塚君」(「人道」一八三号、一九二〇)

7 大塚素、「友愛」に書き込まれた有馬の序文(一九〇一)

8 有馬四郎助、前掲書(6)。

9 留岡幸助前掲書(2)。

10 有馬四郎助『有馬典獄遺稿集』(有馬典獄遺稿集刊行事務所、一九三七)

11 留岡幸助、前掲書(2)。

12 小山五三郎「犯罪人と社会(上)」(「人道」一八号、一九〇六)

13 有馬四郎助、前掲書(10)。当時の行刑は、受刑者の犯罪行為を制裁するのみで、人格、犯行の動機を問題にしなかったこと、しかも、監獄官の瀆職行為が頻頻と続出、道義の存在しない状況が述べられている。

14 小河滋次郎「犯罪減少の捷徑」〔講演〕(「人道」一二号、一九〇九)

15 有馬四郎助「監獄改良と人物」(「人道」一八号、一九〇六)

16 重松一重『日本行刑史』には、出役者の惨状が述べられている。中央横断道路工事出役者一、一一五人中、疾病者九一四人、死者一八六人であった。逃走者は斬殺、病囚は倒れて、その屍は風雨にさらされていたとある。

17 有馬四郎助、前掲書(10)。

18 有馬四郎助、前掲書(10)。

19　小川太郎、中尾文策『行刑改革者の履歴書』（矯正協会、一九八三）
20　芹沢勇『神奈川県社会事業形成史』（神奈川新聞厚生文化事業団、一九八六）

三章

良寛考

良寛と貞心尼（良寛の里美術館）

一、良寛の病跡学的研究

――良寛にみる日本人の原形――

現在の我が国は、精神的危機の状態にあるといわれている。このような時代に、良寛、西行などの人物評伝が読まれるのは、単に清貧思想によるだけでなく、彼等の実践した慈愛の行動や精神的に強靱な人格を無意識に希求してと思われる。それは、現代の日本人が見失ってしまった日本人の原形ともいうような精神性と行動であると思う。そこで、良寛の人間性を精神病跡学的手法で探ってみたところ、生き方のあいまい性、生真面目さ、自然と一体の生き方・思想など良寛の特性に気づくことができた。日本人は、欧米人の如き明確な自己主張をする個性を好まない、新しい思想や価値体系と遭遇した時、古い思想や価値体系をそのままに、新しいものと統合する習性がある。しかし、この習性の根底には、従順さに加えて、ふてぶてしさ、したたかさがある。良寛という人は、まさにそういう人物であったと思う。日本人が無意識的に彼に同化する所以はここにあろうか。

はじめに

現代の日本は、精神的危機の状態にあるといわれている。第二次世界大戦後の五十年間、未曾有の経済的繁栄と戦乱の無かったことで、他国に比し、平和と安定した生活を享受してきたかにみえた日本国民は、世紀末に至り、相次ぐ天災と無差別テロの発生とによって、また、身近なところでは、学校・職場における陰湿ないじめ・差別事件等によって、深刻な精神的危機的体験を自覚あるいは共有することになった。

これら危機体験の原因について、さまざまな論評がなされているが、一つには、精神面における倫理的宗教的教育の不備を指摘することができよう。それは、政策の立案から家庭のしつけに至るまで、物質優先の生産・個人中心主義思想が支配し、個人の精神内面や人間関係への配慮――倫理の育成が欠けていたことに原因を求めることができる。

このような時代に、良寛、西行などの人物評伝が広く読まれるのは、単に清貧の思想的イデオロギーにとどまらず、彼等が実践した慈愛の行動や精神的に強靱な人間像を意識的無意識的に希求してのことではないだろうか。それは、現代のわれわれが見失ってしまった日本人の原型とでもいうような精神性と行動であると思う。この危機の時代に、われわれは、過去を訪ね歴史から学ぶ姿勢を等閑に付してはならない。

良寛の人間性とその生き様を知り、現代日本人に欠けている、あるいは、忘れかけている精神内面を補うことも危機克服の一法であろう。

1、良寛の略歴

良寛の逸話、歌、書、戒語などを病跡学的手法で分析しながら、良寛の人間性を明らかにし、日本人が彼の精神性を希求してやまない心理を把握してみたい。

良寛は、一七五八年（宝暦八年）現在の新潟県出雲崎に生れ、一八三一年（天保二年）和島村島崎にて病没、七十四歳の生涯であった。[1]

父は、山本左門泰雄（以南と号す）、母は、のぶ子。[2] 四男三女の長男であった。幼名は栄蔵、字は曲。家は代々出雲崎の名主、神官をつとめる家格であった。良寛は、幼年時代、「かれい」の逸話を残したり「ひるあんどん」と嘲けられるなど、素直で一途に思い込む性格の他、いささか世才がなく魯直な面があったようだ。[3] 十一歳、儒学者大森子陽から漢籍を学ぶ。名主見習時代の十八歳の時、突然出家、尼瀬の光照寺（曹洞宗）に走った。動機について良寛は語ることはなかった。玄乗破了に師事する。良寛の法名をもらう。二十二歳、国仙和尚に従い、玉島の円通寺（岡山県倉敷市、曹洞宗備中林下道場）におもむき、只管打座の生活にはいる。大愚と号した。師国仙より「正法眼蔵」の講義を受け、祖師道元の教えに傾倒する。修行中に両親を相次いで亡くしている。父は、病気を苦に京都桂川に投身自殺したといわれる。三十三歳にして悟境に達し、国仙和尚から印可を授かる。

国仙和尚の偈に、「良也如愚道転寛　騰々任運得誰看　為附山形爛藤杖　到処壁間午睡閑」とあった。国仙死後、一時、覚樹庵に住し、のち、円通寺を去って諸国行脚に出る。己の性格・能力が孤拙、疎慵で、出世の器でないことを覚知してのことである。帰郷するまでの五年間の消息は不明である。[4] 一七九六年、三十八歳の折帰郷、郷本の空庵に住む。山本家は没落寸前にあり、淋しい帰郷であった。以後、乞食僧として一生をおくる。その後の良寛の年譜は次の通りである。

一七九七年（寛政九年）　国上山五合庵に移り住む。
一八一六年（文化十三年）　国上山下乙子神社に移住。
一八二六年（文政九年）　高齢の故と、乞われて、島崎村木村家の空庵に移住。

一八二七年（文政十年）　良寛の人格を慕って、貞心尼、初めて良寛の庵を訪問する。

一八二八年（文政十一年）　越後大地震（三条）に見舞われる。

一八三〇年（天保一年）　夏頃より病状悪化、弟由之、貞心尼頻繁に看護に訪れる。

一八三一年（天保二年）　一月六日、由之、貞心尼、法弟遍澄に見守られながら死去。享年七十四であった。墓は木村家菩提寺浄土真宗隆泉寺にある。

2、良寛の性格と生き方

（1）清貧の中の仏道　―自我の追究―

良寛は何故、名主見習いの地位を突然捨て、仏門に走ったのか、そして、寺院に住まず、長岡藩主に長岡への移住をすすめられても、[5]それを固辞、終生清貧の仏道を選んだのであろうか。禅僧である良寛は何故、村民から雑炊宗の僧侶と言われるような仏道を歩んだのか。良寛はこれらの動機について何も語ることなく、世を去ってしまった。このように良寛の行動は、外見は武士の如く潔くて明快、それでいて、真意はつかみ難いあいまい模糊とした謎の部分が多いのである。

良寛は、おそらく最も自己を覚知した人であったと思いたい。「昼あんどん」と嘲けられたほど、寡黙、含羞、無器用で世事に疎くぼんやりしたところのある良寛ではあったが、地方行政官の資質に欠けている己を知るに及び、突然の如く名主見習職を捨てた。これは、名主である父親を捨てたことに等しい行為であったが、求道心と大いなる気概を持って、おそらく禅師になることをひそかに願って仏道に進んだと思われる。この僧侶の道を選んだ心理を単なる現実からの逃避とみるのは容易であるが、身分制の桎梏の厳しい時代においては、むしろ人生の積極的選択の一つであったとみることもできよう。単純に青年の弱気な行為とだけはいえないように思われる。後述するが、良寛には、表面の鈍感さに反し、感受性鋭く、気概に富んだ、理論家肌の理想主義者の一面があった。

生家は神官をも兼ねており、特に、母のぶ子は真言宗の熱心な信仰者であった。この宗教的雰囲気の中で成長した良寛は、まさに両親を捨てるようにして曹洞宗の僧侶の道を選んだ。この選択に良寛の真意が隠されていると考えたい。

若い良寛の関心は、自己の自立と人生の真理を見出そうとの探求心と、未来に賭ける青年の気概からではなかったろうか。僧侶となった後の良寛の修行は、実に真摯であった。そのことは回想詩「従来円通寺」からも類推できる。彼はひたすら自己と人生の真理を追究したのである。しかるに、その禅門に所属する僧侶と宗門のあり方は、彼の目には腐敗堕落そのものに映じたに違いない。漢詩「僧伽」、「唱導詞」から彼の深い概嘆と、既成の権威にたった一人で抵抗する苦渋の声が聞こえてくる。このことから、その激しい修行ぶりがうかがえるのである。人間をその死後に至る迄、公然と差別を行う宗門や本末制下の寺院のあり方に対し、批判的になった良寛は、祖師道元の「正法眼蔵」を学ぶに及び、道元の提唱する仏道――清貧・乞食・慈愛――へ進む決心をしたようだ。後年、「正法眼蔵」をいかに感激して読んだか、そして、真の自己を知るために修行に励んだか、その仏道の厳しさに耐えたかを涙ながらに追想したのが漢詩「読永平録」である。これによれば、当時の参禅者は、経文の語句の詮索に走るだけで、真実の自己を知る努力を怠り、自身の栄達のみを計っている、と良寛にはみえた。

良寛は、はじめ禅師になることを目指したであろうが、自からの孤拙、疎慵な性格から出世の器でないこと、宗団は既に真実追究の場でないことを悟り、僧林を去った。師国仙和尚も良寛の気質を見抜いていた。どこか、愚の如くのんびりしていて、それでいて鋭敏な神経の持主で、かつ真摯な学究の徒良寛に、政治力、指導力のないことを。そこで良寛は僧林を離れ真実の自己を求める修行に出ることになったと思う。良寛にとって、この選択は苦渋に満ちたものであったに相違ない。しかし、ここにも、良寛らしい決然たる意気込みを感じることができないであろうか。漢詩「僧伽」にその決意の一端が述べられている。

彼は結局、名利に生きることをやめ、天真に生きることを決意、祖師の教えに従い清貧の仏道を選んだ。「僧でも俗でもない」、「僧侶でもあり、神官でもある」[6]、宗教者良寛の誕生である。良寛の死後、彼の宗教的感化を受け、彼を慕う多勢の村人から、雑炊宗の僧侶と呼ばれ、禅師の称号を贈られたことが、その証明であろう。天皇や宗団からでなく、村人からであったところに僧侶の面目がある。

良寛は、決して現実逃避の人ではない。否、むしろ現実や己を厳しく見つめる人であった。愚鈍なくらい生真面目に、真実の自己を探し求める意志堅固な人であった。[7]

(2)痴の如く愚の如き性格

師の国仙は、良寛の人間性を、「愚の如くうたたひろし」と形容した。彼の思想や性格を、真に理解する人は、少なかった。でも誰かは理解してくれよう、と国仙は見抜いていた。常に孤独で、はにかみやで人つきあいの下手な、表面は茫蓉とし、ものぐさで愚の如き人であったが、内面は、鋭敏な感受性をもち、気概に富み、どのような人をも受容する温い感性の持主であった。人間を差別する宗門、修行を怠る僧侶や寺院のあり方を批判する一方、内面において若い僧侶に檄をとばす熱情の人であったのだ。だから宗門は、彼を受け入れなかった、とみる人もいる。

寺院を持たず、乞食の如き様相で忽然と帰郷した良寛を、彼の若い時の「昼あんどん」の栄蔵しか知らない村人は初め、彼をひねくれ者、へそ曲がり、乞食坊主と受けとったであろう（ちなみに彼の号は「曲」まがりという。曲はあだなとの説もある）。俗事を好まなかったし、時流にあわない人と思われていた。子供と日がな一日遊び暮す乞食坊主であったかと思うと、歌、書に優れた坊様でもあった。それればかりか、一夕すれば、胸衿を開きたくなる、不思議な僧侶であった。酒も飲めば、煙草も吸う。そのくせ経も読まず説教もしない。是非は言わない。柔和な表情で、黙って話を聞く人であった。人を疑わず、丸ごと受容する人であった。

ところで良寛は、本当に子供が好きだっただろうか。彼自体が童心を持った人だったと当時の人は言っている。古来、山上憶良のように子供を愛する歌を詠う者は多い。彼も子供をテーマにした歌をたくさん詠っている。子供らにも、ユーモラスな人と映じたようだ。だから子供が好きだった、という人がいる。しかし、私はそうは思わない。

良寛は子供を嫌悪してはいなかったが、だからといって積極的に好きだったとは思われない。名利に走る大人の世界に倦んだ彼は、子供と一緒にいると心が休まったであろう。孤独な人との交わりを好まない性格であってみれば、猶の事、人恋しく相互に響きあうものがあったであろう。これとて、大人よりは楽に響きあったというに過ぎないと思う。しかし、これも、人が共通に持っている心理である。むしろ彼は、一生懸命努力して、少なくとも大人にはない純真な心を持った子供たちを愛したに相違ない。

理由は二つ考えられる。一つは、子供たちが、良寛の温かい人柄に引き寄せられたこと、二つには水上勉の類推（後述）によれば、やがて売られてゆくかもしれない幼い者たちへの遊びの布施であったかもしれない。そのようにして子供を愛せる人になったと解したい。日暮れまで手鞠をついたり、かくれんぼをしたり、おどけたりした遊びができたのも努力の賜であった、と考えたい。これも、是非をのりこえた結果である。含羞の人であったから、なおさら、努力して人と和することを試みた人であったと思われてならない。貞心尼との歌のやりとりのなかに、次のものがある。

「つきて見よひふみよいむなやここのとをとをとをさめてまたはじまるを」

楽しいか、楽しくないか、あれかこれか、是非を問うてみても答えは空しい。実際についてみて、無心についてみて、初めて己自身が会得できるもの、さあやってみなさい、と言っている。良寛は、あくまでも実践の人でもあった。まるで修行の心境で遊びに没入できる人であった。

「戒語」(8)や歌の中でも、己や子供に厳しい注文をつけている。「子どもをたらかしすかしてなぐさむ」ことを、また「子どものこしゃくなる」を戒めている。

漢詩「闘草」には、良寛の子供と遊んだ時の心境がうたわれている。

「また児童と百草を闘はす、闘去闘来うたた風流、日暮寥寥たり人帰りし後、一輪の明月素秋を凌ぐ」（飯田利行訳）

無心に遊ぶ良寛の孤影の姿が彷彿としてこよう。次の漢詩「乞食」には、良寛の含羞が感じられないだろうか。

「十字街頭に食を乞ひをわり、八幡宮辺正に徘徊す、児童相見て共に相語る、去年の痴僧今また来ると」（飯田利行訳）

おそらく、子供の囁やきを耳にした良寛に、ふと、淋しさがよぎったに違いない。まだ、遊び相手と認知されていない淋しさといったものを。子供は決して純真ではない、表裏もある、しゃくにさわる、なまいきな子供を気にかけた良寛であっただけに、己と子供との間に、互に決して踏み込まない心理的距離をしっかり画していたと思いたい。

水上勉は、良寛の遊ぶ姿を次のようにとらえている。「人はよく、良寛和尚のかくれんぼや、手毬つきを、閑雅な田舎町の牧歌的風景としてとらえ、歌にも詠むのであるが、じつは、その子らがあす売られてゆかねばならぬ身の上か、すでに売られて消息を絶っている子女の妹や弟であったことを想像したことがあったろうか」と。(9)

良寛は、この水上の想像をうかがわせるようなことを一言も語っていない。よしんばそうであっても、多分、語ることはなかったであろう。漢詩「僧伽」の中で、名利に走る出家の求道心のないのを激しく指弾し、心の汚れを、どうしたらよいか、と嘆く良寛にできたことは、言葉と遊びの布施ぐらいがせめてのものであったろう。子供との遊びは風流、心休まるとうそぶきながら、内心は、一生懸命愛の心を持って遊んだに違いない。(10)

私たちは、風流心をもった良寛を敬うことはあっても、慕うことはない。彼を慕う子供らと日暮れも忘れて一心に遊ぶ心の治療者良寛に、ただ共感を覚えるばかりだ。

以上みてきたように、良寛は、内向的、無口、非社交的、まじめで鈍感さと鋭敏さを併せ持った、いわゆる分裂気質の一面を有していたことは識者によりつとに指摘されていたところである。「長大にして清癯、隆準にして鳳眼」と「良寛禅師奇話」には、良寛の体型や風貌が描写されている。長身、やせ型、鼻の高い、ホリの深い眼の涼しげな容貌の持主であったようであるが、清貧、乞食と地を這いずるような厳しい修行によって、孤高、上品に加えて、温かくて飄逸で、ロマンチシズムがあり、人なつっこく親しみ易い性格を加味していったと思われる。(11)成熟した分裂性気質ととらえる人もあるが、多分そのようであったろう。(12)

良寛が「生涯身を立つるに懶く、騰々天真に任す」と詠うとき、立身出世を懶《ものぐさ》く思うのは彼の性格に由来すると云う人がいるが、おそらくそうではないと思う。

良寛は、出世の願望と乞食の仏道の選択の間を揺れ動きつつ、悟をひらくこと、名利に走ることに拘泥する己をみつめ苦闘することに懶く感じた時、天真に任す心境に突如として到達したのではないだろうか。それも騰々として悟るところがあったのではなかろうか。長い迷悟の後だけに、騰々の心境は一点の曇りもない爽快さに満ち溢れていたであろう。この時の心境は、等間に足を伸ばす平和な満ち足りた至福の状態だったと思われる。しかし、この悟の境地も一瞬のもので、また、迷悟の状態へと戻って行ったに違いない。だが、良寛は死ぬまでこの清貧、乞食、慈愛の道を歩み続けた。この生き様を、彼は、はにかみながら、「私は、孤拙、疎慵な性格だから、この道しか選べなかった」と表現する他なかったのであろう。この道一筋を貫き通す不器用さと誠実さが、良寛の真骨頂ではなかったろうか。

(3) 権威と闘う良寛

良寛が、越後の良寛から世界の良寛へ変わった時、彼を慕う者自身が変化したように思う。芸術家良寛から、宗教家良寛へと転換したとでもいおうか。私たちは、明治にはいってから、越後の人々から良寛を奪って、「万葉調の歌人」、「その人すなはち総て詩なり。その心すなはち詩なり。」（伊藤左千夫）、「筆跡を見るに絶倫なり。」（正岡子規）、などと芸術家像を創造してしまったような気がしてならない。それは間違いないとしても、良寛自身は、「詩人之詩、書家之書」を好まなかったと云い伝えられている。大島花束は、「良寛の芸術は或は浄業の餘事であったかも知れぬけれども生活そのものであった。遊戯でなく眞劔であった。[13]」と述べているが、この意見に賛成である。清貧の修行そのものが、生活そのものであった彼には、詩や書は、修行そのものであった。そういっても決して過言ではないと思う。だから、詩も書も形式にとらわれていないのはこのためであろう。

最近、水上勉、北川省一、吉本隆明等は、独自の良寛論を展開し、良寛の真髄に迫ろうとしている。

良寛の宗門や寺院、禅僧に対する批判は、祖師道元の「正法眼蔵」をよりどころとして、厳しく追求されている。詩には、批判精神が、激しく、高揚した気分でうたわれている。が、「他人や寺院にばかりあてたのではなく自分に矢をむけた眼ざしが光っているようである」[14]。道元の提言する修行を忘れ、権威におもねる宗門に、良寛は良寛流に抵抗したに違いない。この眼ざしを持ちながら当時の堕落した叢林を棄て、清貧の道を選択したのであろう。そして、最後までその志を棄てなかった。良寛の時代は、日蓮の動乱の時代と異って、身分制度が国の隅々まで完全に布かれた、身動きのできない状況にあった。道元の道から大分離れたことを嘆く良寛ではあったが、選択した時の矜持は最後まで持っていたと思われる。「四十年前行脚日」「少年捨父奔他国」これらの漢詩に、虎を描いて猫にもなれなかった自分を、自嘲する気持は有るとしても、もっと強い意志を底に感じとれる気がする。生死の執着から離れてみると、たとえ、高僧になれたとしても、元の栄蔵にかわりはない。大切なことは、修行することだけだ、と清貧の道を選んだ己を誇に思う良寛が、そこにあるように思えてならない。北川は、農村詩人の一面を良寛にみている。(15) このように、良寛には、また違った内面の逞しさがあったと私も思う。

良寛を、宗門制度からはずれた孤独な僧で、性格悲劇——制度の中の人間関係に耐えられない性格——からと考えていた吉本隆明は、一見、放縦に生きたようにみえて、実は僧侶として厳密な規範に生きた人と造型している。(16) 良寛は、七十四歳の生涯を清貧に生き切ったと思う。時には歌を詠み、書をかき、時には子供と遊びながら、仏道に励んだ。その真意は、草庵にあって只管打座の良寛の姿から読みとる他あるまい。実際には、孤高の精神で、宗門に対する無言の抵抗を貫抜いた人ではなかったかと思う。

以上のことは、言葉の布施行である「戒語」にもよく現われているように思われる。良寛という人は、清貧、乞食、慈愛の道を歩むために、戒を己に厳しく課す、徹底した自己犠牲の人、無抵抗主義者であった。彼は、公儀の沙汰には批判を慎めと戒めている。これは、庶民や己に対する処生訓のようであるが、権力に従順に従えとの教えではあるまいと思う。彼は単なる教育者ではない。そのような意識は一切持っていなかった。ひとり宗門に無言の抵抗をする、自己犠牲を厭わない僧侶としての自負を終生持っていた人であってみれば、己の道徳の押し売りではなかったはずである。「戒語」の基本態度は、己の意志、感情、思想を言葉で正確に表現することの難しさ、言行一致の必要性を認識することの重要性と、相手に誤解や不快感を与えてはいけないと、あくまでも相手を大切にする配慮からでた戒の言葉である。したがって、権力への批判を封じ込めたものではない。

良寛は、彼の一家と共に時の幕府の力によって無残に敗退した苦い体験を持っている。父親、良寛、弟由之等は、いずれも世事に疎く、時代の趨勢を見通す力量と行政手腕に欠けてはいたが、不誠実な人たちではなかった。しかし、この時代は、最早誠実だけでは生きられないところまできていたのである。時に、封建制が瓦解寸前にあり、このため幕藩体制は警察国家の様相を一段と呈し、地方は閉塞的状況にあったのである。

この時、彼が選んだ仏道と生活の処生法は、自然の猛威と同様、時流に逆らうことなく、権力の抑制をも丸ごと受容することが自然や権力に打ち勝つ妙法と心得たのではなかろうか。三条大地震（一八二八年）に際し、「災難に逢う時節には災難に逢うがよく候。死ぬ時節には死ぬがよく候。是はこれ災難をのがるる妙法にて候。」と知人の手紙に書く良寛であった。災難や死に際し、それを厭い、我を立てるよりも、自然も己の不安もあるがままに受容することが、死の恐れ、恨みや痛みに克つ方法だと云いたかったのであろう。

人は、慈愛を施し、志を失わなければ、いつかは困難に打ち克ち、人をも社会の状況をも変えることができるとの信念があったのではないか。愛語には天を逆に廻すほどの力があると説いた祖師の「愛語」(17)を座右においた良寛の無抵抗主義とは、そのようなものではなかっただろうか。

(4) 書、歌の効用

良寛は好んで書、短歌、漢詩を学んでいる。彼の書等は、時代の要求する形式からは全く離れた天衣無縫の域に達していたと評されている。自己の真実の感情を直接表現する方法を万葉に求め、書に求めた。誰のものでもなく、また誰に見せるものでもなかった。まさに、清貧・乞食道の延長にあった。越後の厳しい冬期は、彼の書、歌の絶好の学習の機会ととらえ、孤独と寒さを乗り切る妙法に変えていったであろう。

また、良寛は、絶えず自己を内省し、僧籍に身を置いたことを後悔したり、両親を捨て、弟に重責を背負わせたことに罪障感を持っていた。清貧の道を選んだ前も後も、絶えず葛藤に苦悩したようである。迷悟の中に呻吟したことも再三であっただろう。この苦悩から歌が生れ、書が造形されたと思われる。大島は、これらの芸術は浄業の余事、真剣な生活のための行為であったことを仮定しているが、同感である。良寛は、医術をよく学び、心身相関の知識もあり、その実践家でもあったから、歌、書の修練は、苦悩を克服するための心理的な効用を意図していたと考えたい。

吉野は「いたいたしいくらい純粋な素質の人だった」(18)と良寛をとらえているが、良寛のこの素質と書、歌の創作は無縁ではない。むしろ濃厚にかかわっているとみるべきであろう。しかし、やがてこれに、北川のいう農村詩人の逞しさが加わってくる。

漢詩は、良寛にとっては、激越な感情を吐露するためのものであったのではなかろうか。また、短歌は、彼のロマンチシズムを歌いあげるに最も適した詩型ではなかったろうか。そして書は、良寛の独遊癖を満足させたばかりか、孤独の寂寥を忘れさせる方法でもあったろう。書、絵画などは、無我の境地に誘う最も秀れた方法である。良寛はこれらの手法を自由に駆使して、感情の安定を計ったに相違ない。

先ず書は、当時の儒学者・書家亀田鵬斎を感嘆させ、強い影響を及ぼしたほどの力量があった。しかも、当世風でなく、独自の境地を独り行くすがすがしさがあった。「天上大風」「易曰錯然則吉也。寒暑、善悪……」「愛語」などにみられる簡潔で美しい楷書から、

「君看雙眼色」の草書体の流麗な線の流れは、それだけで鑑賞する者を幽玄の美の世界へ誘い込む。晩年の夏目漱石が、良寛の書を通じて思想を知り、良寛の人格的感化を受け則天去私の境地に達した事実はよく知られている。漱石も良寛同様自我とその自立の問題に苦悩した一人であったのである。

漢詩には、しばしば、宗門や僧侶など権威に対し激しく攻撃を加える場面が登場する。そこには、あの温和で受容的な良寛の姿はない。戒語にみる他への配慮も聞かれない。あるのは、鋭い感性、真摯で正義漢溢れる良寛がそこにある。読む者は、この良寛の気概、気迫に圧倒されながらも、彼の激越な姿に自己を同一視し満足を覚えることができる。漢詩「僧伽」の一説「縦入乳虎隊　勿践名利路」には、僧侶の堕落に警鐘を鳴らしつつ、若い修行僧に対し、修行の目的について厳しい説諭の声が聞かれ、良寛の激しさとやさしさが混然一体となった面がのぞかれるのである。

「ままならぬ世を美しくも生き抜いたこの方の嗝に、至らぬ我がこころのたかぶりをいかばかりか鎮め得たことか。また静かに、そしておだやかに終始されたこのお方から、舌端、火を吐く憤りの警句をあびせられ、ともすれば、ひるみがちになる私めを、どれほど鞭うって下さったか」[19]と書く、後世の学徒の声がある。漢詩の持つ機能には、他の詩形にはない重厚、華麗、激越な感情を吐露できる特色がある。良寛は、これに託して思いの丈を完全に吐き出している観さえある。

漢詩と対照的なのは短歌である。短歌には良寛の感情・欲求が豊かに細やかに盛り込まれている。子供と遊ぶ歌、貞心尼との相聞歌、自己を内省する歌等々どれ一つとっても、良寛のかなしさ、やさしさ、誠実さ、敬虔さ、愛情が即直に込められ美しい調べを奏でている。温かなロマンチスト良寛が隣にいるような錯覚さえ覚え、読む度に、開放された自我の人良寛の自然な感情の世界に引き込まれていく。

良寛は、万葉集を学び、その作風に強い影響を受けている。それは、「良寛禅師奇話」からその一端を知ることができる。「歌を学ぶのに何の書を読んだらよいか」との若い解良栄重の問いに答えて、良寛は「万葉を読みなさい。解るだけにて十分です。」と。良寛は書家の書、歌詠みの歌、題を出して歌よみすることを嫌ったといわれている。「良寛は万葉を学問的研究的に読もうとしたのではなく、あくまで詩人として、好きで好きでたまらぬから読んだ」[20]のであろう。吉野の云うように、万葉人の感情を自由に表現する、その人間性の豊かさが好きで好きでたまらなかったのであろう。良寛は、自他の感情、毎日の生活、真実の探求を大切にした人であってみれば、極めて自然な成り行きであったかもしれない。

次に短歌二首をかかげる。

「月よみの光を待ちてかへりませ

山路は栗のいがの多きに」

「霞立つながき春日を子供らと
手鞠つきつつこの日暮らしつ」

良寛の誠実な人柄と人間愛が伝わってくる、良寛独自の世界である。

次の施頭歌は、哀調を帯び、しかも権威に雄々しく立ちはだかる孤高の人の心境が歌われているように思われる。

「やまたづのむかひの岡にさを鹿たてり
神無月しぐれの雨に濡れつつ立てり」

この施頭歌は、良寛の墓石の左前面に「僧伽」の漢詩——右前面にある——と共に刻まれているものである。選者は、弟の由之である。兄良寛を最も尊敬し理解した一人であっただけに、この歌にひとり闘う孤高の人の面影を見たのではあるまいか。

以上、みてきたように、書や歌の創作は、良寛の生き様を最もリアルに物語っていると云ってよいだろう。大島の云う生活そのものであった、のである。さまざまな葛藤に苦悩した良寛であったから、「憂愁慷慨の念が癒されぬとき」良寛は「天に哭し、地に慟」[21]じたに相違ない。この時、書が生れ、歌が生れ彼の心を癒してくれたのであろう。その意味でこれらの創作は、心理療法的効果を彼に及ぼしたに違いないし、したがって、良寛が常に平静であり、温和であったことによって、他に人格的感化を与えることができたのであろう。良寛は、そうした心の機能を十分知悉していた人であったと思う。

3、良寛の精神性

良寛の逸話、短歌、漢詩、書、戒語などを手懸りとしながら、良寛の人間性を明らかにしてきた。以下、これらをもとに、日本人が良寛の精神性を希求してやまない心理を把握してみたい。

良寛は、越後の片田舎の乞食僧でありながら、世界の良寛になった。彼には、洋の東西を問わず人を引きつける不思議な魅力があったからだと思われる。

彼の心には、絶えず大きく揺れる心、是非を問う心があった。それは、青年期の挫折から始まった、自我とは何か、自立とは何か、人生の真理とは何かの心であったろう。良寛の生きた時代は、強固な身分制社会であった。好むと好まざるとにかかわらず、名主の跡を継ぐべき運命に置かれていた。その上、儒教道徳は、彼に両親への孝養を命じていた。良寛は、この二つともを捨て、仏門へ走ったのである。よくよくの人生の選択であっただろうと思われる。彼が終生出家の動機を語らなかったのは、彼の内省的な気質によるが、乞食道を選択した僧侶の矜持が強くはたらいたためでもあったと思われる。それに、晩年の彼にとっては、動機はもうどうでもよかったのであろう。仏弟子遍澄や貞心尼に動機を問われても語ることはなかった。

いずれにしろ、芸術に造詣深く、信仰心に厚かった両親は、良寛の性格に名主の適格性が無いことを認め、結局彼の要求を入れ、仏弟子になることを許してしまう。良寛は、自身の行末に決定を下したものの、名主不適格によって生じた劣等感と親を捨てた罪障感は澱のように残った。参禅した当初の良寛は、劣等感と罪障感を払拭するためにも、高僧になって、故郷に錦を飾るほどの衝天の意気に燃えていたと思われる。回想詩「憶在円通時」に、その間の消息がしられる。良寛の修行は、孤独を歎じながらも、誰にも後れをとらぬよう懸命に勤めた様子がうかがわれる。作務と托鉢と寝食を忘れるほどの座禅三昧の修行とによって、やがて彼の性格にゆとりができたようだ。新しい円熟した良寛の誕生である。

腐敗堕落した宗門と僧侶の実態に気づいた良寛は、祖師道元の「正法眼蔵」とめぐりあって、人生の進路を決定する。しかし、道元の提唱する清貧の仏道は、燃えるような熱情を必要としたろう。宗門批判をやめ、寺院に住まう道もあったはずである。しかるに、良寛は、その道を選ばなかった。

彼は、宗門に対する厳しい批判の心を消すことができない。批判の心を偽って宗門の中あるいは寺院の僧として生きるには、彼の性格や信念が許さない。また、ここで持前の無器用さが顔をのぞかせている。眼前には、僧侶として果すべき、庶民のかかえる貧・病・孤・老の現実問題が山積している。僧侶として新たな出発に際し、課題の発生は、彼の心を揺することになる。寡黙、含羞、無器用な性格では、それらに太刀打ちできないことを悟った彼は、各地への遍参と座禅とでどれだけの時間を費やしたことであろう。やがて彼は、翻然と悟るところがあったのであろうか、或は持前の疎慵さで葛藤、苦悩をついに払拭する。それは、道元に従って乞食道を選択することであった。徹底した清貧の仏道を目指すことで、良寛は安定をみる。

寺院を持たず、乞食僧の良寛の帰郷は、余程の覚悟を必要としたであろう。しかし、この時の良寛には、もはや後悔の念はなかったと思われる。彼には祖師道元、先師国仙と同行の旅であったろうからである。あくまでも、一僧侶として生きる矜持と固い信念もあった。

しかしながら、「騰々天真に任す」境地に達するまでには、なお長い時間を要したようである。乞食坊主と笑われたり、泥棒と間違えられたりの逸話は数限りなく存在する。五合庵に住居するまでの前後においても、幾多の苦難が待ち受けていたが、良寛はいかなる苦難も無条件に受容した。これを可能にしたのが、托鉢と座禅三昧の修行であり、書であり、短歌、漢詩、子供との手毬遊びであったと思う。良寛の生きた時代は、凶作が相次ぎ、飢饉から、手毬遊びの子供たちは飯盛女や作男に売られていったのだ。そして、若くして死んでいった。良寛にできることは、慈愛のこもった微笑と、話を黙って聞くことか、無心に遊ぶことか、そっと戒めの言葉を贈ることしかできなかったに相違いない。

侮悟と罪障感、孤独の淋しさ、手毬の楽しさの間を揺れながら、悟の境地へと自身を導いていった。おそらく、彼の心奥では、絶えず熾烈な闘いがおこっただろうが、書、歌等で安定調節ができるようになったとみるべきであろう。書や歌等は、心の安全弁でもあった。ある意味で、良寛は、すぐれた心理治療家でもあったといえよう。「戒語」が生まれた背景には、清貧の道を歩む自信と矜持、心の葛藤を解決した体験とに裏打ちされながら、なお、真摯な性格が彼をして求道者である自身への戒めの心が働いたと考えたい。「戒語」は、まさに、心理治療家の倫理規定に相当するものだと思う。良寛はあくまでも真摯な、よき聞き手、心のケアを天職とこころえた人であった。このようにして、良寛の性格は成長していったにちがいない。解良栄重の描く良寛像には、親しみの中に、侵し難い威厳さえあることを認めざるを得ない。そこには、人を魅了し感化してやまない何物かがある。しかし、全体的には、やっぱりつかみ所のない性格ではある。

私たち、日本人は、良寛と出会う度に、新たな良寛を発見する。水上のように地面から学びながら、吉本のように書から学びながら、新しい良寛と出会う。その度に、私たちに異なった顔を見せる。そして、己自身を受容することの大切さを教えてくれる。私たちは、彼に同一化して、穏やかな感情に浸ることができる。私たちの淋しさは、良寛の清貧な生き方と比較すれば物の数ではない。まだまだ安心して生きられる自信さえ湧いてくる。

しかも、良寛は最晩年になって三十歳の貞心尼と恋をする。短歌のやりとりはあくまでも明るく若々しく美しい。心に沁み通るような言葉で溢れている。死期の迫った良寛は病苦を歌にたくす。まさに病という生活との闘いである。長歌に、

「この夜らの　いつか明けなむ　この夜らの
明けはなれなば　をみなきて　はりを洗はむ
こいまろび　明かしかねけり　永きこの夜を」

があり、生への執着が感じられる。病の心理を歌にたくした人物も、古来稀であろう。それほど、歌と生活は不即不離の関係にあった。

せっかく出会った貞心との別れは耐え難い。逸話の一つに、死に際、「死にとうない」と僧侶らしからぬ一言が残されているが、かえって良寛の真実に生きた様を伝えてくれる。さて、日本人はこの良寛に何故魅せられるのであろうか。

（1）つかみどころのなさ

清貧に生きた良寛の行動は、外見は武士の如く潔く明快で、それでいて、真意はつかみ難いあいまい模糊とした謎の部分が多いのである。しかし、つかみ処のないあいまい性が、この特性を好む日本人を引き付けてやまないのである。良寛の行動に自己を投影し、一体感、共感を持ちやすいのは、こうしたことに由来しようか。

日本人は、つかみどころのない、あいまいな性格の持主を愛する。近代では、西郷隆盛がそのよい例である。偉人、奇人ととらえられている人の多くは、大なり小なりとらえどころがない。二面性がある。思想においても、茫洋としていて欧米人の如き主義主張が明確でない。信念は不動のようであるが、それも明確に伝わってこない。懐が深いというか、度量が大きい奥深さを感じさせるものがある。黙して語らないからである。

だから、私たちはそういう人物に、自己を投影しやすいのかもしれない。――日本人は、欧米人の如き明確に自己主張する個性を好まない性格を有しているからなおさらである。良寛は、まさに投影しやすい格好の対象である。

（2）生真面目さ

良寛は、決して現実逃避の人ではない。否、むしろ現実や己を厳しく見つめる人であった。愚鈍なくらい生真面目に、真実の自己を探し求める意志堅固な人であった。

私たち日本人は、挫折から逃避する者を嫌う。むしろ、負けと知りながらも初志を貫抜き、懸命に生き通した人、その生き方に惚れるのである。しかし、自分自身は決してこの生き方を選択しない。いつも、激しさとあきらめの中間を選ぶ。その方がわが身にとって安心だからだ。しかし、それでは心のどこかに、忸怩たる思いが残る。そのため私たちは、無意識の内で折合点を求める。私たちは、こうして良寛の自立と真実の自己を追求する愚鈍な生真面目さと意志の強さにゆきあたる。

良寛は、また、まぎれもない信仰と道徳の人であった。現代の如き環境変化が激しく価値観の混沌とした時代、人々は生きるための思想、信仰、道徳の指針が欲しい。そして、思い出したように、良寛に自分を重ねあわせてみる。案外、良寛の生き方は、新鮮に映るから不思議である。名利を捨て、ひたすら清貧に、生真面目に、ものに拘泥せず天然自然に生きた良寛の姿が慕われてくる。自分にはできないが、自分がしたように爽快に感じられてくる。

それに、良寛は、既成の権威に抵抗し、たった一人で闘っている。日本人は、無理が通るのを黙って見送る習性がある。だからといって、無理を承認しているわけではない。心中で熾烈に戦い続ける精神を好むから、なおさら、良寛が小気味よい。われわれは、これだけのことを無意識のうちに良寛に感情移入する。そうすることで心の平衡がとれ、ほどよく中庸の生き方をえらびとることができる。

(3) 自然と一体 ——甘えと恨み——

良寛にはつぎの歌がある。

「形見とて何か残さん春は花
　山ほととぎす秋はもみじ葉」

川端は、「ありきたりの事柄とありふれた言葉を、ためらいもなく、といふよりも、ことさらもとめて、連ねて重ねるうちに、日本の真髄を伝へたのであります。」(ノーベル文学賞受賞講演「美しい日本の私」) と良寛歌——弟子へのかたみの歌——を評した。日本人は、自然と一体、随順に生きていること、人と人とが感覚的に結合しあっていることを肌で感じているから、この良寛の歌は、心の中にすんなりと入ってくる。

「世の中にまじらぬとにはあらねども
　ひとり遊びぞ我はまされる」

人里離れ、自然を友にした、独居の自適の方が自分は一層ぴったりする、と本音を歌いながらも、人なつこい良寛は、世間と絶縁することは到底不可能だったに違いない。四季折々の自然に溶け込み、独遊しながらも、絶えず人を求めていた生き様に、日本人は己を重ね合わせることができる。

また、日本人は、無理に押し切られ、道理がふみにじられ恨みをいだいても、恨みがましいことをいっさい云わないで、じっと耐える生き方にも共鳴する習性がある。

「何故に家を出でしと折りふしは
　心に愧じよ墨染の袖」

「身をすてて世をすくふ人も在すものを
　草の庵にひまもとむとは」

良寛は、青年期、救世済民の大志をいだいて出家したにもかかわらず、それを果さず生きている己を悔い責めることとしきりである。が、何故に大志と異なった方向に生きざるを得なかったのかの現実直視の姿勢は隠されている。漢詩には、現実の宗門のあり方、僧侶の生き方に慨嘆し、警鐘を鳴らしながらも、無理の前には黙してひたすら乞食道に生きる己を愧じる良寛を、日本人は、消極的、逃避的な人と感じるよりも、むしろ、善悪、浄穢、高下を錯然と受容する生き方に共鳴を覚えるのである。

おわりに

通説によれば、良寛は、「生涯寺を持たず、自然の子として振舞い、和歌・書・漢詩は天衣無縫の域に達し、清純にして枯淡、蒼古で格調が高い独自の境界を開いた。」(中村元監修『新・仏教辞典』、誠信書房、一九九四)人として尊敬されもし、親しまれもしてきた。が、果たしてそうであったろうか。むしろ、良寛の最も人間臭い、はにかみやで人なつこい人柄に、我々は親密さを感じ同一化できたように思われるのである。

日本人の性格は、これまで、温和、柔順、生真面目、勤勉、甘え、あいまい性などの特性でとらえられている。文化人類学者ベネディクトの恥の心理も否定できない。(22〜24)

しかしながら、日本人は、一方ではその反対の極を好み、生き方の美徳の一つに感じとってきたこともまぎれもない事実である。むしろ、全然反する特性を一つに統合した性格を志向している、あるいは好んでいると、仮定できないであろうか。実は、つかみどころがない、あいまい、と映るのもそのためであろう。そのつかみどころのない、あいまい性の典型を良寛にみることができる。

良寛は、先述したように、分裂気質の性格の人であったと思われる。敏感さと鈍感さの両極を揺れ動き内省的で分裂し、破局を感じやすい性向であったが故に、その分裂を恐れた良寛は、修行を通じてこれらの統合を懸命に果そうとしたのではなかろうか。

良寛は、修行を完璧にするために、戒律を厳しく己に課しもし、戒語を作って、話し言葉にも配慮をしたくらいである。弱者に同情心を起こすよう己を厳しく戒めた自警語[25]をも草している。人は、良寛同様、善悪、浄穢、高下など、絶えずあれかこれか、是か非かに揺れ動くものである。是非の決断を迫られた時、己を捨て、潔ぎよく、例えば正義のためであっても、なかなか決断を下せるものではない。良寛は、この是か非かに混迷する己を修行によって、その混迷を丸ごと受容することを可能にしていったに違いない。「死ぬ時節には死ぬがよく候」、といった心底には、恐怖、私欲、是非にとらわれる己を叱咤し、運命を決然と受けとめる仏教者良寛がいる。外見はあくまでも頼りな気、柔和でありながら、周囲の人々の生活の不安感、死の恐怖感を払拭してくれる爽快な良寛がそこにいる。何も説教じみたことを云わないが、良寛がそこにいてくれ、話を傾聴してくれただけで、人々の気分は清涼となる。良寛に同一視できる由縁はここにある。

近年の日本人は、このあいまい性を払拭しようとする。国際化の視点から、欧米人のように己の意見、価値観を明確に云う必要を提唱するものが現われる。また、戦前の価値体系と、戦後の価値体系との二重構造に現代思想のあいまい性が存すると指摘する者もいる。だがそれよりも、一般的に日本人のあいまい性は、新しい思想や価値体系と遭遇した時、在来の思想や価値体系をそのままに、新しいものと統合する習性があるように思われる。

例えば、古代宗教と仏教、キリスト教の混肴にみられる一種不可思議な統合化から、日常生活上における処生上の格言「長い物には巻かれよ」にみられるように、長いものを明確に認識した上で、それに随順する行動にも、自己主張をはっきりせず、なんとなく自己の態度をあいまいにする或る種のふてぶてしさ、したたかさが感じられてならない。個人の自由や人権が認められなかった時代の賢明な生き方の一つであったろう。しかし、一見、従順なように見えて、己の考えを決して抑し殺さない、このしたたかさは、言葉では論理では説明しにくい内容のものであって、行動や実践で示す他なかったところに、他から見ると、あいまいなものに映ったに違いない。例えていえば、良寛という人そのものの行動、実践——清貧、乞食、慈愛——から直覚的に知る以外方法がないのである。日本人の行動のあいまい性は、欧米の論理的、合理的思考ではつかみ難いのであるが、これも一つの哲学、思想、感情、自己主張を根底に持つ何らかの思想であり、行動の原理に基づいたものなのである。

（１９９５）

注

1 良寛の出生については、通説では、宝暦八年（一七五八）といわれているが、宝暦七年（一七五七）生れとの説もある、が確かな証拠はない。

2 父以南（一七三六〜一七九八）、母のぶ子（一七三五〜一七八三）とも山本家に養子に入った者である。以南は、俳諧（蕉門）では北越地方で知られた人であったが、名主としての行政手腕は乏しかった。のぶ子は真言宗を信仰し、文芸にも造詣深く歌集を残している。この影響を受けてか弟妹とも僧侶・学者になったり、宗教家に嫁したりしている。

3 良寛は、八、九歳の頃、上眼づかいで人を見る癖があった。ある朝、父に寝坊を叱られた良寛は、いつもの癖で上眼づかいをしてしまった。父は、「親を睨む者は鰈になるぞ」と良寛を叱った。良寛は日暮れになるまで海岸に坐って、鰈になるのを待っていた。魚になったら、すぐに海に跳び込もうと思い、水に姿を映していたと人に語ったという。また、いつもぼんやりしていたので、「名主のひるあんどん」と嘲られていたという。おそらく、性来の内向的な資質に加えて、家督を継ぐべき者として、両親に大切にされ、過保護に育てられた為かもしれない。いずれにしろ、少年期の良寛は、内気で、素直、一途に思い込む性質であったが、世才なく魯直な面もあったようである。

4 諸国行脚中の良寛の行動は不明である。この間の逸話として、国学者近藤万丈の著「寝覚の友」（弘化二年、一八四五年）に、良寛らしき人物が描写されている。万丈が、一七九四年頃、土佐で雨中難儀し、一夜の宿を乞うた時、「越州の産了寛」という僧と出会ったこと、その僧は、「色青く面やせたる僧、ひとこともいわず、ただ微笑するばかり」だったと。草庵には、食物なく、木仏の他、文二巻、一冊は唐刻の荘子であった。書物にはさまれていた紙片には、美事な草書体で古詩が書かれてあったという。この逸話は、万丈の若い時の体験であり、記憶もかなり不鮮明であるが、いかにも寡黙な良寛を髣髴とさせる逸話である。

5 長岡第九代藩主牧野忠精（一七六〇〜一八三一）は、老中を勤めた後、藩財政をたて直したほどの人物であったが、文化面にも関心を持ち、文化大名ともよばれた。日頃良寛の人柄を信奉していた忠精は、領地巡察の途次、乙子神社に立ち寄って、庵のあまりにもわびしい様子を知り、良寛にどこか適当な所へお移ししたいと申しでたが、良寛は一言も口をきかず、半紙に「たくだけは風がもてくる落葉かな」を書いてわたしたとの逸話が残されている。あまりにもできすぎた話ではあるが、良寛なら道元同様、権力に阿るような行動はとらなかったに違いない。と村人は良寛の思想と信念を確信していたと思われる。このことは、良寛が国上の良寛——おらが村の坊様と思われていた証拠でもあろうか。

6 良寛は、しばしば、己を僧でも俗でもない、あるいは、僧でもあり神官でもあると詠っている。己を揶揄したり、自嘲しているようにも聞こえるが、私こそ既成の権威に縛られない真実を求める僧侶と、はにかみながらも自負する声が聞こえてくるような気がしてならない。

7 良寛が影響を受けた面山瑞方和尚（一六八三〜一七六九）を嘆かせるほど、当時の宗門は、「無知の民衆に迎合し、徒らに密教化し、加持祈禱を可として現世利益に流れ、また只管打座の本旨を履違えて、悟りを目安とする公案禅に走る徒輩が出て」（飯田利行「良寛詩集譯」大法輪閣、一九六九、二四頁）祖師道元の道からはずれていたようである。面山和尚に共感を覚えた良寛は、師国仙和尚の講義によって道元を学び、その志を継いで乞食の仏道を選んだ。良寛には、何等悔はなかったに相違ない。

8 市川隆一郎「良寛と戒語」（聖徳短期大学部創立三十周年記念誌、一九九五）

9 水上勉「良寛のかくれんぼ」（読売新聞、一九八五年十月十五日）

10 「請状にみる飯盛り女の存在形態」（宇佐見ミサ子）によれば、良寛生存当時の中山道の宿場では、女性人口の半分は飯盛り女であった。ある宿場には、三三人のうち一一人が越後出身者であった。売られた理由は、年貢が上納できず、「家のため」であったが、実質は人身売買であったという。

11 「良寛禅師奇話」（解良栄重）には、「師、神気内に充て秀発す。其の形容神仙の如し。長大にして清癯、隆準にして、鳳眼、温良にして厳正、一点香火の気なし。」「上下自ら和睦し、和気に充ち、帰えるといえども数日の内人自ら和す」「只、道徳の人を化するのみ、師と語ること一夕すれば、胸衿、清き事を覚ゆ」とあり、儒学者亀田鵬斎は、「北越良寛瀟洒無為喜撰以後之人也」と評したという。前者は作者がまだ幼い時の印象にもとづいた見聞録であり、後者は五合庵を訪問した時の印象によっている。これらは、いずれも良寛を尊敬し、愛着を覚えた人々の評言である。良寛に次の歌がある。「面を払う霜後の風、嚢は重し老夫の肩」「無常信に迅速、刹那刹那に移る、紅顔つねには保ちがたく、玄髪変じて糸となる。弓を張る脊梁の骨、波をかさぬ醜面の皮。耳蟬竟夜鳴り、眼華終日飛ぶ」。托鉢の途中や独居の中に感ずる老いは、いかに淋しいか、人恋しいか。良寛に親しみを感じるのは、所詮、老・病・孤に勝てぬ最も人間くさい、人なつっこい僧の姿を彼に見ることができるからであろう。良寛は説教もせず布教もしなかったが、多くの村人は彼の人格の感化によって、宗教心に触れたに違いない。
12 佐藤新「良寛と風土」（「日本病跡学雑誌」第四八号、一九九四、五〇頁）
13 大島花束『良寛全集』（新元社、一九五八）
14 水上勉『良寛』（中央公論社、一九八四、一三頁）
15 北川省一『漂泊の人良寛』（朝日新聞社、一九八三、一二八頁）
16 吉本隆明『良寛』（春秋社、一九九二、三頁）
17 「愛語」は、道元『正法眼蔵』第四五「菩提薩捶四攝法」の中の一説である。攝法とは衆生を教化し攝取する方法である。布施、愛語、利行、同事の四つの方法があるとされる。「愛語ト云ハ衆生ヲ見ルニマズ慈愛ノ心ヲオコシ……愛語ヨク廻天の力アルコトヲ学スベキナリ。」といい、言葉の使い方、効用、言葉の力について語ったものである。
18 吉野秀雄『良寛—歌と生涯』（筑摩叢書、一九八七、三九頁）
19 飯田利行『良寛詩集譯』（大法輪閣版、一九六九、一頁）
20 吉野秀雄・前掲書・五二頁
21 飯田利行・前掲書・二六頁
22 南博『日本人論の系譜』（講談社、一九八〇）
23 荒木博之『日本人の行動様式』（講談社、一九七八）
24 ルース・ベネディクト、長谷川松治訳『菊と刀』（現代教養文庫、一九五一）
25 「若し邪見の人、無愧の人……」で始まる「自警語」には、社会的弱者を見たらば、どのようにして救護できるかを考えてあげなければならない。自分を偉ぶって、からかったり、軽蔑したり、嫌ったりしてはならない、と己を戒めている。

二、良寛と「戒語」

はじめに

良寛は、哲学者田辺元、作家の川端康成等[1]により、最も日本の真髄を伝える人物と表現され、敬愛されてきた。一般には、西郡久吾著『北越偉人沙門良寛全伝』（一九一二）、相馬御風著『良寛和尚詩歌集』、『大愚良寛』（一九一八）等の出版によって、清貧に生きた仏道者、子供を慈しんだ人、あるいは書、和歌、漢詩、俳句に秀れた芸術家として広く知られるようになった。この他、出家や清貧の仏道を選んだ動機などに謎の多い人物であったことも、魅力の一つになっている。日本人は、つかみどころのない人物に惹かれる傾向があることを見過ごしてはならない。清貧に生き、寡黙で弱さを隠さない正直さ、権力に迎合しない潔さ、自然に同化し、子を慈しみ、芸術を愛し、どこか謎を秘めた個性豊かな人を日本人は好む性癖がある。だから、多くの人は良寛に日本人の典型をみたのである。

その良寛によって書かれた「戒語」は、彼を知る手掛かりの一つとして注目してよいと思われるが、一般にはあまり知られていない。この「戒語」は、彼を敬慕した貞心尼の書『蓮（はちす）の露』[2]に書かれていたものである。その他、良寛を尊敬し外護した解良（けら）家他[3]から良寛自筆の戒語がみつかっている。しかし、唐木順三、北川省一[4]以外丁寧な考証は少ない。唐木は、言葉の布施行のための戒め、北川は日常生活上の戒めとして「戒語」をとらえている。

良寛は、経も読まず、説教もせず、ひたすら座禅と托鉢、書、詩の創作に生きた。是非、善悪を問われても答えることをしなかったと言い伝えられている。その良寛が「戒語」の中で、ものごとの是非、善悪、好嫌を直截に語っているのであるから、良寛を敬愛する者からみると困惑を覚える一事である。しかし、「戒語」は、祖師道元の「愛語」を基に、仏道者としての戒律、仏道者としての修養法を極めて具体的に定めたものと私は思う。それらを、法嗣と自認する貞心等に乞われるまま、やさしく物語ったものが「戒語」と推測したい。したがって、この「戒語」を通じて、良寛の優れた仏道者としての実像に迫ることが可能と思われ、少しく解明を試みたい。

今回は、対象とする戒語を「良寛禅師戒語」及び「解良家蔵戒語」の二種のみとした。

1、「戒語」を生んだ背景

（1）時代背景

良寛の生きた宝暦八年（一七五八年）から天保二年（一八三一年）の間、ヨーロッパは、激動の時代であった。一七八九年フランス革命の思想「自由、平等、博愛」に覚醒した人々は、歓喜してこの新しい夜明けを迎えていた。この頃、良寛は、岡山の円通寺にあって、師国師から印可を受けようとしていた。五合庵の生活（一七九七～一八一六）を開始する十年ほど前である。

良寛とほぼ同時代である若き哲学者ヘーゲル（一七八〇～一八三一）は、「自由万歳！」を書き残している。この革命が永続しなかったとはいえ、一度新しい思想に酔った人々は、遅かれ早かれこれを手に入れることとなる。しかし、この時代、日本の辺境の地に生きた人々は、幕藩体制の圧政の渦中にあった。幕府は経済的に逼迫しながらも、度々の藩政改革、警察力の強化、緊縮財政、異学の禁、出版取締り等々を打ち出し、民衆を、不自由、不平等、差別の桎梏の中に囲い込んでいた。日本が自由、平等、博愛思想の洗礼を受けるまでには、まだ七十年はあった。乞食僧良寛でさえ、彼の死後、官憲による遺品の調査が行われた。おそらく、思想調査(一説では、勤皇思想と考えられている。)であったであろうか。自由・平等・博愛は、詩歌や生死の境にしか存在しなかった時代状況であった。加えて、天変地異が数年おきに発生し、このため、農民は飢餓に苦しみ、しばしば、打ちこわしを起こしたり、妻、娘を飯盛女に売るなど、厳しい収奪の下に喘いでいた。(5)

このような時代に、僧侶として生きる道は、本末制の下に和尚として寺院に生きるか、禅林に残り、真理を究め法燈を守るか、選択の幅は限られていたろう。良寛は、そのいずれをも選ばなかった。腐敗堕落した曹洞宗の僧侶を漢詩をもって批判攻撃(6)、禅林に残ることを潔しとしなかった。道元の教えに従い清貧の道を選んだのである。

北川は、良寛の宗門攻撃を理由に曹洞宗門は彼を追放したのではないか、と推測している。あるいは、そうであったのかもしれない。良寛は、終生、僧侶の階級は首座の位であったし、彼の墓は、彼を慕う人々の手によって浄土真宗隆泉寺内にある。彼は、得度した宗派さえも捨て、仏教の真理を清貧の中で追い求め、言葉の布施行によって、多くの人々に宗教的感化を与えて生きる他道はなかったろう。そういう閉塞的な時代であった。

（2）良寛の乞食道と性格

良寛は、曹洞宗の祖師道元の「正法眼蔵」と出会ったことで、仏道者として大きく開眼したと考えられている。彼は、道元に従って清貧の仏道を選択した。この選択には、当時の曹洞宗の宗門及び僧侶たちが幕府権力の手先となり、己の立身出世に走り布教をおろそかにし、領民を差別するばかりか、儀式宗教に堕落していたことが影響している。彼は、人を差別し腐敗堕落した宗門に激しく反抗心を覚えた。これは、漢詩「僧伽」「読永平録」などからうかがい知ることができる。

これに加えて、彼は、己自身の性格、能力が「孤拙にして疎慵」(7)であり、「出世の器でない」ことを自覚していた。しかし、十八歳、名主職を捨てた出家時は衝天の志気に燃えていたことは間違いないのである。(8)彼は腐敗堕落した仏教界の実状と疎慵な己を知るに及んで自らその出世の願望を絶ち、禅林に残ることをやめ清貧の道をえらんだ。このように、青年後期の彼は、寡黙・孤独癖のある、穏やかな反面意志強固で激しやすい一面があった。清廉潔白、毀誉褒貶を嫌う旺盛な正義感の持主でもあったが、極めて含羞の強い世渡りの下手な性格の人であったことがわかる。クレッチマーの性格類型による分裂気質の性格であったろうか。当時の肖像画によると、たしかに彼の体格は、長身で痩せていた。それに病気がちであった。彼は、今流にいえば、自己覚知ができた腹の坐った僧侶であったろう。

良寛の師国仙は印可に彼の性格と宗教態度をつぎのように書いている。「一見愚の如くでいて、その宗教心は堅固、精神は何ものにもとらわれず自由で、ゆったりしている。」と。しかし、この性質は、誰にも理解されることはないであろう、宗門の指導者として生きるよりも、祖師の教えに従い一人仏道に生きよと喝破している。さすがといわねばならない。[9]それに、彼の心中には、宗門・僧侶の堕落、生家の没落と父親以南入水死の原因となった、幕府・宗門権力に対する反抗心が存在したろうと思われる。[10]そこで、祖師の教えに従い清貧に生きることが仏道にも自己の気質にもかなない、同時に、領民を差別、抑圧する幕府、曹洞宗門権力への反抗心を満たすことを潜在的に願望したものと私は解釈する。

2、「愛語」と「戒語」

上記の気質と覚悟を持つ良寛は、祖師道元の「愛語」に注目した。「愛語」は、道元の「正法眼蔵」巻四五「菩堤薩捶四攝法」の中の一説である。攝法とは、衆生を教化し攝取する方法である。布施、愛語、利行、同事の四つの方法があるとされる。

道元は、「愛語ト云ハ衆生ヲ見ルニマズ慈愛ノ心ヲオコシ、顧愛ノ言語ヲホドコスナリ。

オホヨソ暴悪ノ言語ナキナリ。世俗ニハ安否ヲトフ礼儀アリ、仏道ニハ珍重ノコトバアリ、不審ノ孝行アリ。慈念衆生猶如赤子ノオモヒヲタクハヘテ言語スルハ愛語ナリ。徳アルハホムベシ、徳ナキハアハレムベシ。愛語ヲコノムヨリハヤウヤク愛語ヲ増長スルナリ。シカアレバ日ゴロ知ラレズ見エザル愛語モ現前スルナリ。現在ノ身命ノ存スルアヒダ好ンデ愛語スベシ。世々生々ニモ不退転ナラン。怨敵ヲ降伏シ、君子ヲ和睦ナラシムルコト、愛語ヲ本トスルナリ。向テ愛語ヲ聞クモノハ、オモテヲ喜バシメ、心ヲタノシクス。向ハズシテ愛語ヲ聞クハ、肝ニ銘ジ魂ニ銘ズ。知ルベシ愛語ハ愛心ヨリオコル。愛心ハ慈心ヲ種子トセリ。愛語ヨク廻天ノ力アルコトヲ学スベキナリ。タダ能ヲ賞スルノミニアラズ。」と云い、言葉の使い方、効用、言葉の力について語っている。

良寛は、おそらくこの祖師道元の「愛語」に刺戟を受けて「戒語」を書いたのであろうと思われる。唐木順三は、良寛の戒語から彼の隠された意志を次のように読み取っている。「外の布施は己には出来ないが、言葉の布施だけは出来る。その言葉、言葉遣いを大切にしよう、言葉の本来の使ひ方、美しい書き方、話し方を自分で実行して、せめてそれを一般の人々、衆生へのほどこしものにしよう」と覚悟したと推理している。(11)

唐木のこの推理は正鵠を得たものと思われる。良寛は、孤拙、含羞の人であり、誠実の人である。それだけに、自戒を込めて、言葉の布施行を生涯かけて貫いたと思うのである。

北川省一は、良寛の事跡を丹念に調べ、「戒語」の思想と、良寛の行動の矛盾を指摘する。良寛という人は、時の権威、伝統にとらわれず、自由な発想と感情を大切に、虚飾や嘘を嫌い、不易と流行をしっかりわきまえた人であったことがわかる。「戒語」には、時の権力に対し無批判の精神を貫いたように思われる。「役人のよしあし」「公ぎのさた」「公事のはなし」はしてはならないと戒めている。しかるに、良寛は、実際には三条地震（一八二八年）の犠牲者に対する供養を盛大に執行した長岡藩主を称える漢詩を残したりしている。北川は、これを良寛の思想と行動の矛盾と指弾するが、多少の同情もよせている。つまり、家督を継ぎ所払いの処罰を受け苦労をかけた弟由之の老後の保護を藩主に依頼する、兄としての弟への罪障感からでたものと、その動機を兄弟愛の発露ととらえている。

このような良寛の最も人間くさい言行不一致の行為があってもなお、「戒語」の語りかける意味は重い。「戒語」を通じて良寛が己に一番求めたものは、愛心をどのような言葉、話し方、態度で表現するかにあったと思うのである。

道元は、愛心のこもった言葉は世界をすっかり変える力があるとさえ云っている。それだけに良寛は、言葉の持つ機能の重大さを認識していたと思うのである。そうだとすると、何を精神的基盤とし、どのような話し方、内容、態度で話すかが彼の課題であった筈である。

3、「戒語」にみる良寛の基本的態度

彼はおかのにあてた戒語[12]で生あるもの鳥、獣にいたるまで情をかけなさい、と戒めの言葉を書いている。また、非人八助の溺死に寄せた漢詩[13]には、彼の人生観、宗教観がよく示されている。八助の死は、業障、輪廻の結果と仏道者の視点でとらえながらも、死者の魂は明月の光の主人公だと、人間平等の想いをうたいあげている。

良寛は、このように彼の周辺にいる差別され、不遇に喘ぐ弱者に対し、あるいは世上の恩恵の埒外にあった人々に対する基本的態度を明瞭に示した人であった。この時代、弱者に対し、どのような態度で接するかを説いた人は少なかったと思われる。何故ならば、身分差別は公然と行われていた。仏教界でさえ、死者に対し、残酷ともいえる階級差別を行っていた時代であっただけに、良寛の弱者に対する基本的態度は重視しておいてよいだろう。

(1)「若見邪見人」

良寛には、世の不幸な人々に対して深く同情心をおこすべきことを自から戒めた文章が残されている。これが表題の「若見邪見人」(原文は漢字文。木村家蔵)である。東郷豊治訳を

かかげてみる。「若し邪見の人、無義の人、愚癡の人、暗鈍の人、醜陋の人、重悪の人、長病の人、孤独の人、不遇の人、六根不具の人を見る者は、当に是念を成すべし。何を以てか之を救護せんと。従佗《たとい》、救護する能わずとも、仮りにも驕慢の心、高貴の心、調弄の心、軽賤の心、厭悪の心を起すべからず。急ぎ悲愍の心を生ずべし。悲愍の心若し起らざる者は、慚愧の心を生じて深く我が身を恨むべし。我れは是れ道を去ること太だ遠き所以の者、何ぞ先聖に辜負せんや。故に聊か之を以て自ら警むと云う。沙門良寛」。古来、仏道者は、かかる人々を慈悲心から救済した歴史をもっていたが、今、良寛の眼前には、貧困、飢餓、疾病、身体障害などの痛苦に喘ぐ人々や、病孤に苦しむ老人、子供をかかえた寡婦、差別された階級の人々がいる。これらの人々に対して、藩政府や寺院は積極的に援助はしない。乞食の僧侶としてできることは、托鉢で得た食物を分けたり、子供と遊んだり、言葉の布施行ぐらいなものであったろうと思われる。

したがって、良寛は、己自身に自戒を込めて「若見邪見人」の書を書いたのであろう。人間の欲望は、階級の如何を問わず際限がない。必ず他人に対し蔑視や嫉視が生じ、人を差別し嘲弄してやまない。あるいは、己自身を過大視する。いかに名主の子であったとはいえ、青年期以降地面を這いずって生きた良寛は、この人間の心理を的確にとらえたと思うのである。彼は、徹底して自己犠牲と無抵抗主義に生きた。北川は、「曲《まがり》」の号を持つ良寛に斜頸の身体障害があり、これがため、幼少期村童から馬鹿にされた外傷体験があったから、なおのこと弱者に同情心が厚かったと推測しているが、考え過ぎであろう。

(2) 相手中心の対話

祖師道元は、仏道者即愛心を持つ人ととらえているが、果してそうであろうか。禅林にいては、こうした人間の心理は観念的に知り得ても、感覚的に捉えることは難しかろうと良寛は悟ったに違いない。また、孤独で拙語、指導者の資質の無さを自覚した良寛は、禅林を捨て乞食道に己の生きる道を求める他はないと覚悟し、道元の教えに従い、禅林を捨てたのは、道元もなしえなかった、弱者に対する直接の愛心の布施行であったろう。弱者に対し愛心を持ち伝えるには、人々と同じ地面を這いずって生活したものでなければ、言葉の布施行は会得できないであろう。いかに愛心があっても、言葉は、意志、感情を必ずしも正確に伝える道具ではない。言葉は、他者との関係、その場の状況、自他の心身の状態、価値観、性格、話し方の癖などが大きく影響して相手に伝達される、と良寛は認識していたに違いない。相手に確かに伝えるには、相手を尊重し思いやり、一方的であってはならない。むしろ、相手中心に言葉を傾聴し、感情を受容すること、また、自分の意志、感情を相手に伝える場合には、時、場所、状況を心得、心に響く言葉でなければならない。その為には、卑下することなく、言葉を惜しみ惜しみ選んで言う必要がある。良寛の言葉の布施行の実践は、これらを基本に始まった。

良寛は、いつの場合にも静かな聞き手であった。彼は聞き役に徹したが、これは生来的な孤拙の性格に由来するものではない。言葉の布施行の修行結果であったと思うのである。「戒語」の最初の項に、「ことばの多き」「物いひのきはどき」「口のはやき」を入れ戒めた。聞き手が最も嫌う話し手の多弁で性急、相手を思いやらない態度を戒めに書いた。当時の修行僧の説教態度を髣髴とさせる光景ではないか。苦悩を訴える人の心理を知る者でなければ分からない戒語である。彼は、話し下手を自認し、ひたすら聞き役にまわったから、逆に聞き上手にもなれたし、相手を中心にした言葉の布施行もできたと考えたい。

4、相手中心の言葉の布施行

良寛は、親しくした者に戒語を書き残したようである。一説には一八種類もあるという。「戒語」は自身のためのものであったから、思いつくままに書いたものであろう。したがって、戒語の順番や量はまちまちである。ただ、全体を通じて言えることは、相手を尊重すること、自尊感情を傷つけないこと、子供をたぶらかさないこと、尊大ぶらないこと、差別感を与えないこと、相手に卑小感を与えぬことなどひたすら相手への細い心配りを重視している。そのためには、相手へ尊敬と思いやりを込め、全神経を集中して言葉を惜しみ惜しみ言うことの大切さを重視している。

その他に、良寛は、弟由之や世話になった者から依頼されその子弟に訓戒、忠告をしているが、それによると、厳しい戒めの言葉はいっさいなく、実にやさしく、おだやかで、常識的な言葉をもって戒めている。親に反抗、放蕩する若者の気持ちを受容した上で、自己決定を待つ愛情のこもった姿勢が泌み出ているのである。

「戒語」を大まかに分類すると十種類に分つことができる。

①話し方の基本原則（原則中の原則と思われるもの）。

すべてことばはをしみをしみいふべし
いひたらぬことは又つぎてもいふべし
いふたことはふたたびかへらず
ことばのすぐるはあいそなし
其人にさうおうせぬことはいはぬがよし

この原則には、人の品性に相応した話し方を含めている。

②話す時の身体・態度に関わるもの。七種。

くびをねじりてりくつをいふ、口をすぼめて物いふ等。

③年齢に応じた話し方・内容。

老人のくどき、わかもののむだばなし。

④相手を引きつけたり、尊大ぶった話し方・態度。四八種。

人のいやがること、はなであしらう、こごとぐる、あなどる事、しんせつらしく物いふ。

⑤子供のしつけ上の戒め。

子どもをたらかす、こどもにちえをつくる、こどものこしゃくなる。

⑥卑屈な話し方、気力のない品性の現われた話し方・内容。一三種。

へつらうこと、へらずぐち、よく心えぬ事を人にをしゆる、ことばのたがう等。

⑦相手を顧慮しない話し方。三二種。

ことばのおほき、物いひのきはどき、口のはやき、はなしのながき、さしでぐち、人の物いひきらぬうちにものいふ、人のけしきみずしてものいふ、人のかくすことをあからさまにいふ、人のはなしのじゃまする、おしのつよき、ことばとがめ等。

⑧対人関係を損ねる話し方・内容。一二種。

たやすくやくそくする、人のきりやうのあるなし、ひやうりぐち等。
⑨時、場所、状況を心得た話し方・態度。八種。
しめやかなる座にて心なく物いふ、はらたてる人にことわりをいふ等。
⑩その他。意味不明なもの。くはの口きく。

以上をみると、相手を顧慮し、尊大ぶらず卑下することなく、時・場所・状況をよくわきまえ対話したかがわかる。口下手でもよい、話し手の全人格が表出され、それが相手にしみじみ伝わる話し方をせよ、と戒めている。良寛の人格がにじみ出た、いかにも良寛ならではの言葉づかいである。これは、現代のカウンセリング技法に匹敵するものであろう。しかも、先にみたように、良寛は生き方の是非を云わず、相手の自己決定を大切にしたふしがあるから、なおのこと優れたカウンセラーの一つの典型をみる思いがする。

おわりに

良寛は、しばしば「僧でもなく、俗でもなく」と羞恥と慚愧の感情をまじえながら生きることの葛藤を詩に託し、生の真実を追求している。

「世の中は術なきものと　いまぞ知る　背けばつらし　背かねば憂し」

「なにゆえに家を出でしと　折りふしは　心に愧じよ　墨染の袖」

「しろしめす民があしくば　我れからと　身をとがめてよ　民があしくば」

どこまで自分を追いつめれば真実は得られるのか、いくら思慮してもよい手だてが得られないと、自己を厳しく追求する態度があった。また、言葉は、自己の真実を正確に伝える道具でないことも承知している。彼の愛唱句に「君看雙眼色不語似無憂」がある。良寛は、僧でもなく俗でもないと自認しつつ、只管打座、托鉢の修行生活に徹した。しかし、「禅によって、さとりを得たと妄想しなかった故にこそ真実の人」(14)であったからこそ、愛心、慈心を真実伝えることの難しさを人一倍知っていた良寛であったと思う。したがって、言葉を厳密に使わざるを得ない。だから、良寛は一層寡黙にならざるをえなかった。しかし、どこまでも相手を思いやり、自己の問題の解決は自身の決定によらねばならぬとの待ちの姿勢は、相手の尊厳を犯さぬ真摯な姿とあいまって、相手の心情に直截に働きかけ、かたくなな感情を動かすことができたものと思われる。


このように、良寛は対人関係の中でありのままの己をさらけ出し、しかも多くの葛藤をかかえながらも受け留め動じることがなく、己の意識、感情を表現において虚飾するところがなかった。そして、相手をあたたかく抱擁するところがあった。解良栄重『良寛禅師奇話』(15)に描かれた良寛像は、「上下自ラ和睦シ、和気ニ充チ、帰エルトイエドモ数日ノ内人自ラ和ス」「只、道徳ノ人ヲ化スルノミ師ト語ル事一夕スレバ、胸衿、清キ事ヲ覚ユ」と、人を引きつけてやまないさわやかな姿が印象深く語られている。また、儒者鈴木文台も「その道徳の如き、吾徒の測る所に非るなり」と詩、書、和歌の優れている以上に、その人格に感銘を受けた様子がわかる。良寛が現代社会にもしあれば、クライエント中心療法にたつ見事なカウンセラー[16]と賛嘆せざるをえない。石上は、比較宗教学的見地から、聖フランチェスコ（中世紀のキリスト者。自ら乞食となって貧者を救済した初めての人。）にも比肩する良寛の無抵抗主義に愛と自己犠牲と忍耐と寛大さの精神をよみとっている。[17]彼はたしかに僧侶の修行の目的である、弱者救済を生涯の行として自らに課し、言葉の布施行を実践して生涯を終えた。そういう意味では、生きることの真理を追求した真の仏道者ではなかったろうか。

（1995）

注

1 哲学者田辺元は、最晩年、良寛の漢詩「生涯懶立身」及び草書体を好んでいたようである。風貌も安田靫彦描く良寛像に似てきた、と唐木順三は観察し、先生は「良寛を思慕したことが面白かった。良寛にはどこか日本人の原形のやうなところ、最後はあそこだといふようなところがある。」（「良寛」唐木順三、筑摩書房、一九七一、九頁）と田辺をとらえている。川端康成は「美しい日本の私」（ノーベル文学賞受賞記念講演、一九六八年）の中で、良寛の和歌をとおして、「むずかしい話はしないで、『和顔愛語』の無垢な言行をする」人、「日本古来の心情がこもっているとともに、良寛の宗教の心も聞こえる歌」をうたった人として世界に紹介した。最近、中野孝次は物質万能の風潮を批判して、『清貧の思想』（一九九二）

の中で、日本人には清貧を学ぶ思想――現世での生存は、能うかぎり簡素にして心を風雅の世界に遊ばせることを、人間としての最も高尚な生き方とする文化の伝統――があったことを紹介、良寛もその一人であったといい、反響を呼んだ。

2 貞心尼（一七九八～一八七二）は新潟長岡の人。一度医家に嫁したが離婚、尼となる。良寛を敬慕し二十九歳時はじめて会う。良寛の死を看取り、師の没後、五年間に収集した彼の和歌一二〇首と略伝、二人の贈答歌二〇余首。良寛禅師戒語九〇か条を添えて『蓮の露』一巻を編んだ。師を偲ぶ座右の書であった。戒語の一部を掲げる。

・ことばのおほき・物いひのきはどき・口のはやき・はなしにながき・とはずがたり・かうしゃくのながき・さしでぐち・ついでなきはなし・てがらばなし・じまんばなし・公事のはなし・いさかひばなし・ふしぎばなし・物いひのはてしなき・公ぎのさた・へらずぐち・このんでから言葉をつかふ・よくしらぬ事をはばかりなくいふ・学者くさきはなし・茶人くさきはなし・風雅くさきはなし・はなであしらふ

3 解良家は良寛を尊敬し外護した人。彼の家からも良寛自筆の戒語（六八条）がみつかっている。良寛禅師戒語と異なるものもあり、最後の方には、『すべてことばはをしみいふべしいいたらぬことは又つぎてもいふべしいふたことはふたたびかへらずことばのすぐるはあいそなし其人にさうおうせぬことはいはぬがよし』とある。

4 北川省一（一九一一～一九九三）は、新潟県柏崎市の生れ。戦後、地方の農民・労働組合づくりや文化活動をするかたわら、良寛研究家として活躍。『良寛、法華経への道』、『良寛〈独游〉の書』、『漂泊の人良寛』、『越州沙門良寛』などの著書がある。彼は、宗門批判をした良寛は、曹洞宗門から追放されたとの仮説をたてている。

5 「請状にみる飯盛女の存在形態」（宇佐見ミサ子）によれば、中山道の宿場の女性人口の半分は飯盛女であった。良寛の時代、ある宿場には、三三人のうち一一人が越後出身者であった。売られた理由は、年貢が上納できず、家の為であったが、実質は人身売買であった。

6 良寛は、漢詩「唱導詞」「僧伽」「読永平録」などにおいて、祖師道元の「正法眼蔵」の遺教を忘れ、権力の手先になり下った宗門や己の立身出世にあくせくする僧侶の腐敗堕落ぶりを嘆じ、警告を発している。良寛は、祖師の「一生不離叢林」、「貧名愛利」の清貧の道を選ぶこととなったのは、宗門の腐敗堕落の現実と彼の理想との乖離に苦しんだあげくの決断だったのではないか。

7 良寛は、自身の性格、能力を次の様に描いている。『孤拙兼疎慵　我非出世機』。孤拙で疎慵の文面は、僧侶の常套句のようであるが、良寛にあっては、自身の思想、感情を大切にした人だけに、まさに的確な表現のように思える。彼の師国仙がみぬいていたように、清廉潔白、愚の如くでいながら、反面に激しさを秘めた良寛の気性は、本末制下の寺院経営には指導性を発揮できなかったろう。そのことを良寛自身、覚知できていたようである。

8 学問好きで世事に疎い良寛は、十八歳時、名主見習いを突然捨て、禅寺に走った。出家するに際し、いかにも青年らしく劣等感を払拭、宗教で身を立てようと、その志気は衝天の如きものがあったと思われる。「四十年前行脚日　辛苦画虎猫不似」「なにゆえに家を出でしと折りふしは心に愧じよ墨染の袖」の心境は、その真実を物語っている。

9 父親山本左門泰雄（一七三六〜一七九八）、号を以南という。山本家の養子に入る。越後出雲崎の名主であったが、行政手腕に欠け、家運を傾むけてしまう。二男由之の代には家財没収、所払いの処分を受ける。以南は俳諧に優れ、越後における蕉風中興の祖ともいわれたように、文学に造詣が深かった。一七九八年旅の途中、病気を苦にして京都桂川に投身自殺する。一説によれば、勤皇思想家であったため、官憲に追われての自殺ないしは自殺をよそおって高野山に逃避したのではないかといわれている。

10 良寛の師国仙和尚（玉島円通寺）は、一七九〇年印可の偈に『良也如愚道転寛　騰々任運得誰看　為附山形爛藤杖　到処壁間午睡閑』と書き、緊張居士に対し肩の力を抜くようにと諭しているように思える。良寛は、この印可状（木村家蔵）を肌身離さず持ち歩いていた。

11 唐木順三『良寛』筑摩書房、一九八一年、一八三頁。

12 おかの（良寛が世話になった木村家の娘）の嫁入りに与えた戒語状。「上をうやまい下をあわれみ　しやうあるものとりけだものにいたるまでなさけをかけるべき事　げらげらわらひやすずはらし　てもすりむだ口　たちぎき　すきのぞき　よそめかたくやむべき事」。やさしさのこもった、どこかユーモラスな戒語である。

13 非人八助溺死の漢詩「金銀官禄還天地　得失有無本来空　貴賤凡聖同一如　業障輪廻報此身　苦哉両国長橋下　帰去一川流水中　他日知音若相問　波心明月主人公」。弱者に対する良寛の思いが惻々と伝わってこないか。

14 飯田利行『良寛詩集譯』大法輪閣版、一九六九年、三三三頁。

15 解良栄重は、良寛を外護した豪農解良叔問の二男。少年の頃に会った思い出を語ったものが『良寛禅師奇話』である。

「長大ニシテ清驅、隆順ニシテ鳳眼、温良にして厳正云々」と年少時、良寛から強烈な印象を受けたもののようで、実に生き生きと描写されている。崇拝者にありがちな誇張を幾分差し引いても、良寛の人物像、人格、日常動作などがよく伝わってくる。

16 C.R.ロージャス『クライエント中心療法の最近の発展』(伊藤博編訳、岩崎学術出版社、一九九三年、三三頁)ロージャスは、クライエント中心療法の基本原理に、セラピストが「純粋」「全体的」「一致している」必要を述べている。これは、セラピストがクライエントとの接触の中で「ありのまま」であること、統一された人間であること、感情の意識表現が一致していることを意味している。クライエントに対するあたたかい配慮(受容と好感、大事にする)のある関係は、なによりもクライエントの個人的成長を助けると考えた。良寛の「戒語」を基盤に配慮された人間関係は、セラピー初期のあたたかい配慮によるセラピスト・クライエント関係に非常に類似しているように思える。

17 石上美智子「良寛と聖フランチェスコ」——比較宗教学的な見地から——(「良寛」第二三号、全国良寛会、一九九三年)

市川隆一郎（いちかわ・りゅういちろう）

1933年東京生まれ。臨床心理学専攻。神奈川県相模原児童相談所長、神奈川県立国府実修学校長を経て、聖徳大学人文学部社会福祉学科教授。現在、関東歯科衛生士専門学校・聖徳大学兼任講師。専門は臨床心理学、社会心理学、社会福祉援助技術。著書に『ひとにぎりの子らとともに』『続・ひとにぎりの子らとともに』（三冬社）『私の良寛』（ミズ総合企画）『子供たちからの警告』（相模書房）など。

高齢者《こうれいしゃ》の性愛《せいあい》と文学《ぶんがく》――
明治期《めいじき》の感化事業《かんかじぎょう》と先達《せんだつ》・良寛考《りょうかんこう》

発行日　二〇一七年十月二十四日　初版第一刷発行

著者　市川隆一郎
発行人　仙道弘生
発行所　株式会社 水曜社
〒160−0022 東京都新宿区新宿一−一四−一二
電　話 〇三−三三五一−八七六八
ファックス 〇三−五三六二−七二七九
URL : suiyosha.hondana.jp/

本文DTP　小田純子
装幀　西口雄太郎（青丹社）
印刷　日本ハイコム株式会社

ISBN978-4-88065-432-4 C0036